AF260357

# HISTOIRE

## DE

# NAPOLÉON III

PARIS. — TYPOGRAPHIE DE COSSON ET COMPAGNIE,

Rue du Four-Saint-Germain, 43.

S. M. L'EMPEREUR NAPOLÉON III.

# HISTOIRE

## DE

# NAPOLÉON III

### Par M. MULLOIS

PARIS

LÉON FONTAINE, ÉDITEUR

RUE DE L'UNIVERSITÉ, 26

1864

# INTRODUCTION

On a déjà beaucoup écrit sur la vie de Napoléon III, mais la plupart du temps ces ouvrages sont incomplets, ou le prix en est trop élevé pour qu'ils puissent aller partout.

D'un autre côté, les journaux en parlent souvent ; mais les faits qu'ils racontent ne sont servis que par parcelles et de loin en loin. Il nous a semblé que, groupés, serrés les uns contre les autres, ils seraient plus intéressants, ils produiraient une plus vive impression ; puis, les journaux atteignent à peine trois millions de lecteurs, et il y en a aujourd'hui trente millions en France qui ne seront pas fâchés de connaître la vie de leur Empereur.

Autrefois, le portrait de Napoléon Ier se trouvait dans toutes les maisons, il s'y trouve même encore souvent. Aujourd'hui que tout le monde sait lire, la vie de Napoléon III devrait se trouver dans toutes les mains.

Ce sont ces pensées qui nous ont porté à publier cette histoire de l'Empereur ; nous raconterons les faits en toute vérité et sincérité, en y ajoutant beaucoup de ces détails intimes que l'on aime tant en France, et qui font souvent mieux connaître une personnalité que les actions d'éclat.

On ne sait avec quel intérêt le peuple s'informe de tout ce qui touche à la personne de l'Empereur. Quand il se trouve en présence de quelqu'un qui peut le renseigner, vite il lui adresse cette question : « *Et comment va notre Empereur ?* »

Si, à la réponse : « *Il va bien*, » on peut ajouter le récit de quelques-uns de ces traits de charité que Napoléon III fait chaque jour, voilà qu'on s'écrie avec un accent de fierté : « *C'est bien cela. On le reconnaît bien là ; aussi, c'est nous qui l'avons nommé !* »

Il en est de même dans toutes les classes de la société ; partout, à quelque opinion que l'on appartienne, on est enchanté d'apprendre quelques détails sur l'homme qui a su prendre une si grande place dans le monde.

Après tout, le peuple français a bien quelque droit de connaître intimement Napoléon III. On peut le dire, comme le Prince Impérial, l'Empereur est aussi l'*enfant de la France*... Or, on aime toujours à savoir ce que fait son enfant, même et surtout quand il est arrivé aux plus hautes dignités. On triomphe de ses succès, on souffre de ses revers.

Du reste, cette vie est toute pleine d'intérêt; elle est si accidentée, si dramatique, si remplie d'imprévu et de ces choses simples , bonnes et grandes, comme le peuple français les aime. Elle est plus intéressante que n'importe quel roman ; puis elle porte avec elle beaucoup de ces hauts enseignements qui élèvent les âmes et, bon gré mal gré, les font songer à Dieu. Il y a tant de providence dans cette histoire ! On la voit sans cesse agir, se jouer des calculs des hommes : ils se sont agités, et Dieu les a menés. Il n'est pas naturel de voir un homme méconnu, exilé, dénationalisé, emprisonné, passer tout à coup sur un trône pour y occuper une telle place dans l'univers.

Ceux qui seraient tentés de se plaindre de ce qui existe feraient bien de s'en prendre à la Providence ; c'est elle qui l'a voulu, qui l'a fait.

On peut le dire : « Cette élévation est encore un des actes de Dieu pour la France ! « *Gesta Dei per Francos !* » Oui, si quelqu'un venait se plaindre de ce qui est, on pourrait écrire au bas de la plainte : « *Renvoyée à la Providence.* »

Je sais bien que l'on dit qu'il est difficile d'écrire la vie des vivants ; que, pour bien juger les faits et les hommes, il faut être à distance.

Mais je réponds : Ici il s'agit de faits si exceptionnels, si haut placés au-dessus des faits ordinaires, que l'élévation peut suppléer à la distance. Après tout, pourquoi ne pas dire la vérité aux vivants? au moins ils peuvent en profiter pour mieux faire ; plus tard, il n'en sera plus temps. Du reste, dans le sujet qui nous occupe, la critique est parfaitement à l'aise; l'Empereur ne craint pas de reculer quand on lui montre un meilleur chemin ; il s'est désavoué lui-même à Ham. La critique conserve donc tous ses droits, et nous espérons bien en user dans le courant de cette histoire.

Mais voici pour nous une raison péremptoire qui les domine toutes : la France a besoin aujourd'hui de connaître cette vie, de connaître de plus en plus le chef auquel elle a confié ses destinées. Par le suffrage universel, les conditions du gouvernement sont changées : chacun est appelé à concourir avec le souverain à gouverner et même à sauver la France !

Étudier l'histoire du passé, l'histoire de Charlemagne, de Louis XIV ou de Napoléon I$^{er}$, c'est bien ; mais nous, nous vivons aujourd'hui et nous avons, avant tout, besoin de connaître les vivants, en particulier ceux auxquels nous avons confié nos intérêts les plus sacrés. Nous vivons, et nous ne voulons plus de révolutions. Oui, le peuple français en est las ; sans doute, il aime la liberté, mais par-dessus tout il veut la paix, il veut un gouvernement fort, qui sache assurer, au travail son salaire, aux transactions la sécurité et l'honneur du drapeau national !

Nous avons donc besoin de bien connaître celui que nous avons mis à notre tête. Quoi ! on ne confie pas la plus mince affaire à un homme sans avoir pris des renseignements, puis on le suit attentivement dans sa gestion, on veut savoir ce qu'il a été, ce qu'il dit, ce qu'il fait ; ici il s'agit du gouvernement d'un grand peuple, il faut au moins que ce peuple connaisse celui qui marche à sa tête. Un général n'est fort que quand il connaît bien ses soldats et quand il en est connu ; eh bien, l'Empereur est le chef d'une grande armée, et nous sommes ses soldats; c'est lui-même qui l'a dit à Bordeaux : « Je veux conquérir nos populations à la morale, à la religion, à l'aisance... Telles sont les conquêtes que je médite, et vous tous qui m'entourez, qui, comme moi, voulez le bien de notre patrie, vous êtes mes soldats! »

Il faudrait donc que cette vie fût connue de tout le monde, jour par jour, en quelque sorte; tous y sont intéressés. L'histoire de Napoléon III devrait être dans toutes les mains, dans la main des enfants à l'école, dans la main des ouvriers, dans la main des soldats, dans la main de tous les habitants de nos campagnes, afin que chacun puisse la lire après son travail, surtout dans les réunions de famille, autour de l'humble foyer, où cette lecture ne manquerait pas d'être suivie de ces paroles : « Oh! que Dieu nous le conserve! oui, qu'il nous le conserve longtemps! » Vœu qui au fond est dans le cœur de tout Français, quel qu'il soit. On peut afficher certains sentiments hostiles, mais si l'Empereur venait à nous manquer, on serait désolé, consterné. Qui n'a prononcé cette parole : « Oh! si l'Empereur venait à disparaître, que deviendrions-nous? » Tous savent de quels abîmes il nous a tirés, tous savent que les passions révolutionnaires seraient prêtes à se jeter de nouveau sur la société si sa puissante main ne les contenait... Pourquoi donc y en a-t-il quelquefois qui ne sont pas justes et qui affectent d'oublier tous ces services? Chacun dit volontiers que l'Empereur est notre seule planche de salut, et cependant quelques-uns frappent de temps en temps sur cette planche de façon à la briser, ce qui n'est ni juste ni sensé...

Je sais bien que nous nous réservons de rendre justice après la mort. Oh! alors, nous avons à notre service une belle collection de phrases laudatives. C'est sans doute fort bien d'être juste envers les morts, ce serait mieux encore de l'être pour les vivants. Il faut être juste pour tout le monde, même pour les souverains. Chose étrange! que le premier venu fasse une belle action, chacun s'empresse de la raconter, et nul n'y trouve à redire; mais qu'un souverain fasse du bien, si vous vous avisez de le raconter, il se trouvera des gens pour vous crier : « C'est de la flatterie ! «ou «c'est de la politique !» Parce qu'un homme a le *malheur d'être souverain*, doit-il être exclu du bénéfice général? Si c'est un devoir pour les souverains de faire de bonnes actions, c'est un devoir pour nous de les publier, afin qu'elles donnent aux autres la pensée d'en faire autant.

Du reste, nous avons sur ce point un grand exemple que personne ne sera tenté de récuser, et c'est ici plus que jamais le moment de le rappeler :

Un jour, Vincent de Paul avait reçu une grande charité de la reine Marie de Médicis, et elle voulait exiger de lui qu'il en gardât le secret.

— Le secret, madame, vous ne l'aurez pas. J'ai encore beaucoup de bien à faire, de grandes misères à soulager, il importe que votre charité soit connue de tout le royaume.

Nous aussi nous avons beaucoup de bien à faire en France, de grandes misères à soulager ; il y a même plus que des souffrances du corps, il y a des plaies morales à guérir, tant d'intelligences égarées à éclairer, tant d'âmes aigries, malades, à calmer ; avant tout, il nous faut de l'ordre dans les choses, pour pouvoir ensuite en mettre dans les idées...

Puis les souverains ont un cœur, une âme sensible, sensible surtout à l'ingratitude et à la reconnaissance. Leur crier de temps en temps : « C'est bien ! courage ! » serait doubler leur force et les rendre meilleurs. Si les bons souverains font les bons peuples, les bons peuples font aussi les bons et grands souverains ; apprenons donc à nous connaître, et nous serons plus justes les uns pour les autres.

Sans doute, dans ce qui se fait il y a des âmes froissées, tout n'est pas à leur gré. Que voulez-vous, nul gouvernement n'est parfait ; un gouvernement fait tant de choses, il est obligé d'employer tant d'hommes, qu'il ne peut prétendre n'avoir jamais failli : il faut donc une juste indulgence. La France a été si profondément ravagée par les révolutions, que l'on devrait savoir gré au gouvernement du bien qu'il fait, du mal qu'il empêche et du bien qu'il voudrait faire, mais qu'il ne peut pas faire ; car les souverains, comme les autres, plus même que les autres, sont souvent réduits à prononcer cette parole : « Je ne peux pas. »

C'est pour cela que l'Empereur a dit : «Aidez-moi à faire du bien, aimez-moi comme je vous aime. » Tout est dans cette parole...

On va chercher bien loin, on entasse phrases sur phrases, on fait mille théories, on interroge le passé, on scrute l'avenir, on met sa tête à la torture ; la chose est pourtant des plus simples. Oui, tout est dans cette parole : l'Empereur plus connu, mieux aimé ; la France unie, serrée autour de son souverain, voilà la meilleure politique ; avec elle, nous serons toujours victorieux des souffrances du dedans et des attaques du dehors !

Voilà les raisons qui nous ont déterminé à écrire cette histoire. Du reste, dans une série d'ouvrages destinés au peuple, l'histoire de l'homme le plus populaire de ces derniers temps devait nécessairement trouver sa place, d'autant plus que, comme nous l'avons dit, elle est toute remplie des plus hauts enseignements, de ces enseignements qui élèvent les âmes, les rapprochent de toutes les grandes choses, de l'autorité, de la charité, de la providence, de Dieu.

L'autorité, nous en avons un si grand besoin ; on se plaint de l'absence générale du respect de l'autorité, et on a raison de s'en plaindre ; mais, de sa nature, l'autorité est sévère et peu aimable ; nul ne se soucie de se mettre un frein pour le plaisir de le ronger ; elle ne se fera jamais accepter toute seule ; pour qu'elle reprenne son empire sur les masses, il faut qu'elle s'incarne dans une forte personnalité, respectée et aimée. Or nul n'est plus propre que l'empereur Napoléon III à refaire l'autorité parmi nous; n'eût-il rendu que ce service à la France, ce serait déjà beaucoup. C'est la condition de l'ordre, et sans ordre il n'y a plus rien, pas même de société.

# HISTOIRE

## DE

# NAPOLÉON III

---



# CHAPITRE PREMIER

### Premières années.

Le 20 avril 1808, c'était fête dans tout le
vaste empire de Napoléon I<sup>er</sup>. Le canon tonnait,
les cloches sonnaient, un nouveau-né venait
d'entrer dans la famille du grand empereur, et
il devait être son héritier. C'était le prince
Charles-Louis Napoléon, aujourd'hui Empereur
des Français. Il était fils de Louis Bonaparte,
roi de Hollande, frère de l'Empereur, et de
Hortense Beauharnais, fille de l'impératrice
Joséphine. Sa naissance fut célébrée avec enthousiasme, il semble que la France avait déjà
comme un pressentiment des services qu'il devait rendre un jour.

Un registre de famille, destiné aux enfants

de la dynastie impériale, fut déposé au Sénat comme le grand-livre des droits de successibilité. Le nouveau prince Louis y fut inscrit le premier avec toute la pompe d'une consécration. Le roi de Rome y prit seul place après lui. De ces deux princes, entrés dans la vie avec tant de splendeurs et tant de sympathies nationales, l'un est mort en exil, on ne sait de quelle mort; l'autre... inscrit le premier pour succéder au plus grand monarque des temps modernes, en dépit de tous les obstacles et de toutes les puissances humaines, est revêtu aujourd'hui de la pourpre impériale, après avoir subi l'exil et la prison.

Le jeune prince fut ondoyé au moment de sa naissance et baptisé à Fontainebleau en 1811; il eut pour parrain l'Empereur Napoléon I$^{er}$, son oncle; sa marraine avait dû être l'Impératrice Joséphine, mais, à cause du changement survenu, elle fut remplacée par l'Impératrice Marie-Louise; à son baptême, l'enfant impérial reçut les noms de Charles-Louis-Napoléon.

D'après une décision de l'Empereur, son héritier devait s'appeler Napoléon. Aussi le prince Charles-Louis-Napoléon prit à la mort de son frère le nom de Napoléon-Louis. Cependant, en 1848, lors des élections, il fut désigné sous le nom de Louis-Napoléon, nom que les Français ont fort bien connu, puisque, dès cette première élection, presque tous votèrent pour lui. Ce changement de nom se fit afin qu'il fût mieux distingué de son cousin, Napoléon-Jérôme Bonaparte.

Dès ses premières années, le jeune prince était, dit quelqu'un qui l'a vu naître, le plus charmant des enfants. On voyait déjà en lui cet excellent cœur, cette douceur calme mêlée de fermeté, qui ont brillé dans toute son existence. C'est pour cela que sa mère, la reine Hortense, l'appelait *mon doux entêté.*

Louis-Napoléon chérissait sa mère ; ce sentiment d'amour filial se trouve empreint dans toute sa vie ; il dure encore aujourd'hui, on peut dire qu'il a commencé dès le berceau, comme sa force de volonté.

« Un jour — rapporte mademoiselle Cochelet, femme de chambre de la reine Hortense — le prince Louis eut une vive douleur de dents.

« — Fais venir le dentiste, dit le jeune prince, pour m'arracher cette grosse dent qui me fait tant souffrir, mais sans le dire à maman, parce que cela la tourmenterait trop.

« — Comment voulez-vous le cacher à votre mère ? son salon habituel est à côté de votre chambre, elle vous entendra crier et elle s'en inquiétera bien plus que si elle savait de quoi il s'agit.

« — Je ne crierai pas, je te le promets. Est-ce que je ne suis pas un homme pour avoir du courage?

« Et il avait six ans. Je lui promis le secret, que je ne gardai pas, car la reine aurait été mécontente qu'on ménageât sa sensibilité pour tout ce qui regardait ses enfants. Elle eut l'air pourtant de ne rien savoir, pour complaire au désir de son fils.

« Bosquet fut appelé et il enleva la plus grosse dent de sa bouche sans que l'enfant jetât un seul cri. Il courut tout triomphant la porter à sa mère, qui attendait avec inquiétude et qui joua la surprise tout en étant plus émue que lui. Je n'ai jamais vu une personne plus courageuse que la reine pour supporter les grands événements et les petites tracasseries de la vie; quelquefois même j'étais impatientée de cette douceur, de cette résignation inaltérable; je la taxais d'indifférence. Mais s'agissait-il de la plus petite chose qui touchait à ses enfants, ce n'était plus la même femme, elle se troublait, s'inquiétait pour un rien. »

La reine Hortense, mère de l'empereur Napoléon III, était une femme des plus remarquables; elle réunissait à une rare présence d'esprit une grande énergie de caractère. Elle tenait de sa mère, l'Impératrice Joséphine, les qualités les plus aimables et les plus douces du cœur. Elle était spirituelle, bonne, et par-dessus tout généreuse; elle aimait à faire rechercher la misère cachée pour la soulager. Elle avait une foi vive, et l'antique abbaye de Notre-Dame des Ermites, en Suisse, garde un excellent souvenir de ses pieuses libéralités. Elle la visitait souvent lorsqu'elle habitait le château d'Arenenberg. Je n'ai jamais vu, disait Louis XVIII, une femme qui réunisse autant de grâces, de manières si distinguées. Je m'y connais, ajoutait-il. En un mot, elle avait tout ce qui peut faire aimer une femme et chérir une mère.

La reine Hortense s'occupait sans cesse de l'éducation de ses enfants, elle développait surtout leur cœur et leur apprenait à n'avoir jamais de haine contre personne. « C'est la nature des choses qui place dans tel ou tel rang, leur disait-elle. Il ne faut jamais en vouloir à ceux qui vous remplacent, et même, s'ils agissent bien, il faut avoir le courage de le reconnaître et de leur rendre justice dans quelque circonstance qu'ils soient placés vis-à-vis de nous. »

La reine Hortense, persuadée qu'un homme ne peut aspirer à briller au premier rang que par le mérite personnel, voulut, dès son enfance, élever son fils sans mollesse, comme un enfant du peuple, fortifier son corps et en même temps développer ses facultés. Un autre de nos souverains avait reçu une semblable éducation, et il fut Henri IV.

Inébranlable dans sa résolution, Hortense continua, malgré les inquiétudes de l'Impératrice Joséphine, qui craignait pour son petit-fils la sévérité d'un semblable régime, à lui donner cette éducation virile et forte, source certaine où Napoléon III a puisé cette énergie extraordinaire qui depuis a étonné le monde.

Cependant jamais mère n'eut plus de tendresse pour ses enfants.

Naturellement le cœur n'était pas oublié ; dès l'âge de sept ans, le jeune prince donna une preuve et de son courage intrépide et de la bonté de son âme. C'était le temps du désastre de Waterloo. Comme il aimait beaucoup l'Empereur et qu'il en était tendrement aimé, il s'attachait à lui, il ne voulait pas le laisser partir. On eût dit qu'il avait prévu les malheurs qui allaient tomber sur le héros...

« Napoléon paraissait triste et soucieux, dit le maréchal Soult, témoin oculaire. La porte de l'appartement était restée ouverte et je vis un jeune enfant se glisser dans le salon et s'approcher de l'Empereur. C'était un charmant garçon de sept ou huit ans, à la chevelure blonde et bouclée et aux yeux expressifs. Sa figure était empreinte d'un sentiment douloureux ; sa démarche trahissait une émotion profonde qu'il s'efforçait en vain de contenir. Il s'approche, s'agenouille devant l'Empereur, et, posant sa tête et ses deux mains sur ses genoux, il se prend à verser des larmes.

« — Qu'as-tu donc, Louis ? s'écrie Napoléon, d'un ton de voix où perçait la contrariété d'avoir été interrompu ; pourquoi viens-tu ici ? pourquoi pleures-tu ?

« Mais l'enfant, intimidé, ne répondait que par des sanglots. Peu à peu, cependant, il se calme, et, d'une voix douce et triste, il dit enfin :

« — Sire, ma gouvernante vient de me dire que vous partiez pour la guerre. Oh ! ne partez pas ! ne partez pas !

« L'empereur ne pouvait que se montrer touché de cette sollicitude, car l'enfant qui le suppliait ainsi était le prince Louis, ce neveu qu'il affectionnait par-dessus tout.

« — Et pourquoi ne veux-tu pas que je parte ? lui demanda-t-il avec attendrissement.

« Puis, lui soulevant la tête et passant la main dans les boucles dorées de sa chevelure :

« — Mon enfant, ajouta-t-il, ce n'est pas la

première fois que je vais *à la guerre*; pourquoi t'affliges-tu ? Ne crains rien, je reviendrai bientôt.

« — Oh ! mon cher oncle, reprit l'enfant dont les pleurs redoublaient, ces méchants alliés veulent vous tuer ! oh ! laissez-moi aller, mon oncle, laissez-moi aller avec vous !

« Cette fois, l'Empereur ne répondit pas ; ayant pris l'enfant sur ses genoux, il le pressa contre son cœur et l'embrassa avec effusion. En ce moment, animé par cette scène touchante, je ne sais quelle idée me passa par la tête ; mais j'eus la sottise de parler du Roi de Rome, alors prisonnier de l'Autriche.

« — Hélas ! s'écria l'Empereur, qui sait quand je le reverrai ?

« L'Empereur paraissait profondément ému ; bientôt, reprenant toute la fermeté de sa parole : — Hortense ! Hortense ! appela-t-il.

« Et comme la Reine s'était empressée d'accourir, il lui dit :

« — Tenez, emmenez mon neveu, et réprimandez sévèrement sa gouvernante, qui, par des paroles inconsidérées, exalte la sensibilité de cet enfant.

« Puis, après quelques paroles douces et affectueuses au jeune prince pour le consoler, il allait le rendre à sa mère, quand, s'apercevant sans doute combien j'étais attendri :

« — Tenez, me dit-il vivement, embrassez-le ; il aura un bon cœur et une belle âme !

« Et pendant que je couvrais le jeune prince de mes baisers et de mes larmes :

« — Eh ! mon cher, ajouta-t-il, c'est peut-être l'espoir de ma race ! »

# CHAPITRE II

## L'exil.

Le prince Louis-Napoléon avait à peine sept ans qu'il lui fallut prendre le chemin de l'exil. Hélas, c'est pour trente-trois ans : il ne devait rentrer libre en France qu'en 1848. Trente-trois ans d'exil et de souffrances. C'est bien avec raison qu'il écrivait, il n'y pas longtemps, qu'il avait été à l'école du malheur : on sait les revers de 1814 et de 1815.

L'étranger est à Paris, Prussiens, Anglais et Cosaques sont les maîtres dans notre beau pays de France ; la famille Bonaparte est proscrite. La reine Hortense prend ses deux enfants, cherche un asile partout, et a peine à trouver un coin de terre pour s'y reposer ; on la repousse de la Suisse, du grand-duché de Bade ; l'asile qu'elle s'est choisi en Savoie n'est pas sûr, elle prend le chemin de la Bavière et va se fixer à Augsbourg, où elle peut du moins respirer quelques années. C'est là que le prince Louis fit sa première communion et commença les fortes études auxquelles il s'est livré presque toute sa vie.

La reine Hortense habita Augsbourg jusqu'en 1824. L'éducation du prince Louis était sa préoccupation constante, elle s'y dévouait avec toute l'activité de sa tendresse maternelle et toute l'activité de son esprit éclairé. Cependant des tracasseries forcèrent la famille impériale à venir habiter la Suisse ; la reine Hortense acheta le château d'Arenenberg. Louis-Napoléon grandissait à l'air fortifiant des montagnes et entouré de la tendre affection de sa mère. Non-seulement il étudia les sciences et les lettres, mais il profita du voisinage du camp de Thun, pour se former à la vie militaire ; on le vit chaque année, le sac sur le dos, manger le pain du soldat, manier la pelle, la pioche, la brouette, gravir les glaciers et faire jusqu'à dix et douze lieues par jour et revenir coucher sous la tente du soldat. On peut dire qu'il sait ce que vaut et ce que coûte le travail.

« Il se livrait, dit une notice bien renseignée, avec une grande ardeur et une vive passion aux exercices du soldat ; vivant comme lui, traînant la brouette, franchissant à pied, le sac sur le dos, les glaciers les plus escarpés. Il l'emportait

sur tous par sa dextérité et son énergie. En peu
de temps, il excella dans l'art de manier un cheval, de faire des armes, de tirer le fusil et de
nager. L'activité de son esprit recherchait ce
qu'il y a de plus insurmontable pour en triompher. C'est à cette rude et bonne école que son
corps se fortifia et qu'il apprit à ne rien craindre. »

Il ne se distinguait pas moins par sa bravoure. Un jour, que, suivant sa coutume, il allait
se promener à cheval, son attention fut attirée
par les cris d'une foule effrayée. Deux chevaux
attelés à une calèche légère avaient pris le mors
aux dents et s'élançaient dans la direction d'un
affeux précipice. Le cocher avait été renversé et
et une dame seule avec deux enfants poussait
des cris déchirants. Mais Louis-Napoléon a vu
le danger, et aussitôt, lançant son cheval à travers champs et fossés pour devancer la voiture,
il l'atteint sur le bord de l'abîme, saisit l'un des
chevaux par le mors, le détourne d'une main si
vigoureuse que l'animal s'abat et que la voiture
s'arrête, aux applaudissements de la population
étonnée de reconnaître le prince dans ce hardi
cavalier.

Louis-Napoléon était au camp de Thun, quand
il apprit la révolution de juillet 1830. Un instant il fut heureux : il espérait revoir la patrie;

mais bientôt son espérance fut trompée. Pour
s'en consoler un peu, il alla combattre en Italie.
Son entreprise fut malheureuse, et, à côté de lui,
son frère aîné, Charles, fut enlevé par une maladie, suite des fatigues de la guerre. Lui-même
tomba malade, mais son excellente mère, qui
comme un bon ange veillait sur ses jours, accourut, l'entoura de ses soins, fit courir le bruit
qu'il s'était embarqué pour la Grèce, et, munie
d'un passe-port anglais, traversa l'Italie, une
partie de la France, et arriva à Paris. Mais le
gouvernement de Louis-Philippe leur intima
l'ordre de sortir sur-le-champ de la France,
quoique le prince fût dévoré par la fièvre, et
malgré une lettre fort remarquable qu'il écrivit au roi. La peur avait été si grande à la Cour
de Louis-Philippe, et les ordres de départ
étaient si pressants, si impitoyables, qu'il fallut
envelopper dans des couvertures le prince Louis
pour l'emporter à la hâte de ce Paris qu'il devait
tant embellir un jour. L'Angleterre lui offrit
l'hospitalité : il ne voulut pas l'accepter; il se
souvenait de ce qu'on avait fait endurer à son
oncle à Sainte-Hélène.

A son retour en Suisse, Louis-Napoléon reçut
une députation secrète de la Pologne, qui lui
proposait de le mettre à la tête de la nation en
armes. De hautes considérations politiques l'em-

pêchèrent d'accepter le commandement qui lui était offert.

Par la mort du roi de Rome, Louis-Napoléon était devenu l'héritier de l'Empereur ; il comprit tout ce que lui imposait ce titre et il se livra avec une nouvelle ardeur à l'étude. A vingt-quatre ans il publia deux ouvrages qui révélèrent son talent de penser et d'écrir ; le premier, qui a pour titre : *Considérations militaires sur la Suisse*, lui mérita l'honneur d'entrer en relation avec le plus beau génie de notre époque, Chateaubriand.

La Suisse, fière de son hôte, lui conféra le titre *honorifique* de citoyen de la république. Ce titre ne lui enlevait pas sa qualité de Français ; à aucun prix il n'eût voulu cesser de l'être ! Il fut de plus nommé capitaine d'artillerie au régiment de Berne. Comme son oncle, il débuta dans l'artillerie, avec le grade de capitaine et au service d'une république.

Voici quelques traits du portrait qui fut fait de Louis-Napoléon, à cette époque :

Le prince est d'une physionomie agréable, d'une taille moyenne. Ses manières sont simples, naturelles, pleines d'aisance et de bon goût ; son caractère distinctif est la noblesse et la sévérité, et cependant, loin d'être dure, sa physionomie respire au contraire un sentiment de bonté et de douceur ; mais ce qui excite surtout l'intérêt, c'est cette teinte indéfinissable de tristesse et de méditation répandue sur toute sa personne qui révèle les nobles douleurs de l'exil.

Quant à ses goûts, il sont sérieux : dès le matin, il s'habille pour toute la journée ; il a toujours méprisé le luxe et les futilités, et quoiqu'une somme considérable lui fût donnée par sa mère pour son entretien, c'était toujours la dernière chose à laquelle il pensait ; presque tout cet argent passait à des actes de charité, à fonder des écoles, des salles d'asile, excellentes choses dont tout le monde sait que le prince n'a pas perdu l'habitude.

Un homme qui a vécu ainsi, sait déjà ce que c'est que la vie, ses joies mâles, son côté pénible. Mais la Providence lui réservait une plus grande plénitude de douleurs, pour lui donner une plus grande abondance de compassion.

## CHAPITRE III



**Strasbourg. — Première captivité. —
Bannissement en Amérique.**

Cependant le prince Louis-Napoléon songeait
toujours à la France. Son cœur saignait de la
voir tombée au-dessous d'elle-même. Au dehors,
elle était humiliée, son gouvernement pliait en
toute occasion le genou devant l'étranger. A
l'intérieur, elle était matérialisée. L'argent était
tout. Se gorger de jouissances, faire des affaires
et s'enrichir à tout prix, voilà le bonheur auquel
on la faisait aspirer. C'était, à la lettre, la matière
qui gouvernait. Un homme payait 200 francs
d'impôt, il était tout, le reste ne comptait pas.
Vous ne payiez que 195 francs, vous n'étiez capable de rien. Le hasard ou une injustice en
faisait payer 200 à votre voisin, alors c'était un
haut et puissant baron, un homme comme il faut,
de ces gens qu'on choyait, qu'on voiturait, qu'on
traitait, qu'on enivrait, et qui ensuite venaient
voter, et puis, ce que ces messieurs avaient dé-

cidé, cela s'appelait la volonté de la nation. Pauvre nation ! on lui fait dire tant de choses auxquelles elle n'a jamais songé !

Le roi Louis-Philippe n'avait aucune racine dans le cœur de la France. Il avait été improvisé souverain par deux cents et quelques députés qui n'avaient pas plus de mission pour créer un roi que vous et moi n'en avons pour nommer un pape.

L'armée était mécontente, son rôle se réduisait presque à faire la police en France. Elle exprimait son mécontentement en termes plus militaires qu'élégants.

Le prince, qui de sa solitude avait toujours l'œil ouvert sur sa patrie, savait tout cela. Du reste, il avait déjà deviné que le gouvernement devait tomber, qu'une révolution devait se faire en France. Il voulait que cette révolution fût plutôt militaire que sociale, « pour épargner à la France, disait-il, les luttes, les troubles, les désordres, d'un bouleversement qui arrivera, je crois, tôt ou tard. » Lui, il avait déjà prévu, de son coup d'œil d'aigle, la révolution de février. Pourtant on disait que nous avions d'habiles hommes d'État, de grands politiques qui voyaient les choses de loin et de haut ; eh bien, pas un seul ne l'avait prévue. On sait dans quel étonnement elle les a tous mis... Oh !

plût au cielque Louis-Napoléon eût réussi alors,
son succès eût épargné tant de ruines et tant
de sang ! La France n'eût pas vu ces sanglantes
et terribles journées de juin que tout cœur vraiment français voudrait de son sang effacer de
l'histoire nationale. Louis-Napoléon voulait donc
relever la patrie de cette abjection, pour cela il
s'adressa à l'armée chez laquelle le sentiment de
l'honneur est resté plein de vie. Sans doute
son entreprise fut hardie, audacieuse, mais elle
ne fut ni déraisonnable, ni impossible.

Depuis longtemps, il s'était mis en rapport
avec des hommes considérables de l'intérieur,
le concours de plusieurs généraux lui était
promis, il avait pour lui le colonel Vaudrey qui
commandait l'artillerie de Strasbourg. C'était un
militaire brave, loyal, adoré des soldats et aimé
des habitants, à cause de sa franchise et de son
amour pour l'Empereur. On a vu depuis qu'il
en fallait bien moins pour renverser Louis-Philippe : une poignée de peuple a suffi. Le Prince
avait deviné que ce trône, assis sur la matière,
sur la boue, n'était pas solide. Du reste, par une
générosité rare chez les hommes de ce temps-ci,
il a lui-même condamné solennellement son entreprise, parce qu'elle exposait la patrie à la
chance des révolutions.

Le 29 octobre 1836, il se présenta à Stras-

bourg, mais il échoua à cause d'un malentendu.
Il n'était pas arrêté là-haut qu'il dût sitôt triompher. Il lui restait encore des années à passer à
l'école du malheur afin de se préparer aux grandes
destinées qui l'attendaient.

Louis-Napoléon fut fait prisonnier, enlevé
dans une chaise de poste, conduit à Paris entre
deux gendarmes, puis à Lorient, et embarqué
sur l'*Andromède* pour l'Amérique.

Il s'était attendu à être jugé, et sa peine fut
grande quand il vit l'exception faite en sa faveur,
sur la prière de sa mère. Il lui semblait que sa
présence eût pu être utile à ses coaccusés.
Aussi s'empressa-t-il d'écrire à sa bonne mère
la touchante lettre que nous allons citer, parce
que c'est surtout dans ces relations intimes que
l'on apprend mieux à connaître les hommes.

« Ma chère mère,

« Je reconnais à votre démarche toute votre
tendresse pour moi ; vous avez pensé au danger
que je courais, mais vous n'avez pas pensé à
mon honneur qui m'obligeait à partager le sort
de mes compagnons d'infortune. Cela a été pour
moi une douleur bien vive, que d'abandonner
des hommes que j'avais entraînés à leur perte,
lorsque ma présence et mes dépositions auraient

pu influencer le jury en leur faveur. J'écris au roi pour le prier de jeter un regard de bonté sur eux, c'est la seule grâce qui peut me toucher.

« Je pars pour l'Amérique, mais, ma chère mère, si vous ne voulez pas augmenter ma douleur, je vous en conjure, ne me suivez pas. L'idée de faire partager à ma mère mon exil d'Europe, serait, aux yeux du monde, une tache indélébile pour moi, et pour mon cœur cela serait un chagrin cuisant. Je vais en Amérique faire comme Achille Murat, me créer moi-même une existence ; il me faut un intérêt nouveau pour pouvoir m'y plaire.

« Je vous prie, chère maman, de veiller à ce qu'il ne manque rien aux prisonniers de Strasbourg ; prenez soin des deux fils du colonel Vaudrey, qui sont à Paris avec leur mère. Je prendrais facilement mon parti, si je savais que mes autres compagnons d'infortune auront la vie sauve ; mais avoir sur la conscience la mort de braves soldats, c'est une douleur amère qui ne peut jamais s'effacer.

« Adieu, ma chère maman, recevez mes remercîments pour toutes les marques de tendresse que vous me donnez ; retournez à Arenenberg, mais ne venez pas me rejoindre en Amérique, j'en serais trop malheureux. Adieu, recevez mes tendres embrassements ; je vous aime toujours de tout mon cœur.

« Votre tendre et respectueux fils,
« NAPOLÉON-LOUIS B. »

Pendant que le Prince se rendait en Amérique, ses compagnons de captivité avaient été acquittés.

L'*Andromède* avait pris son chemin le plus long : pour se rendre aux États-Unis, elle avait d'abord été à Rio-Janeiro ; le commandant avait ordre d'être le plus longtemps possible en mer. La traversée dura quatre mois. Le Prince avait su gagner l'estime et l'affection de tous les officiers, qui étaient pleins d'égards pour lui. A New-York, il leur donna un dîner auquel tous se rendirent, un officier américain, ayant vu à l'hôtel une réunion d'officiers français, demanda à faire partie du dîner. Or, à la fin, il proposa de boire à la santé du roi Louis-Philippe. Voilà que tout le monde se trouble, se lève, et impose silence au pauvre officier américain, tout ahuri, en présence d'une telle manifestation. Il comprit et garda le silence quand on lui eut dit : « Nous avons ici le prince Louis-Napoléon. »

Le séjour du Prince ne fut pas long en Amérique, néanmoins il y fut assez de temps pour donner une preuve de cette grande générosité qui est dans sa nature. Il avait placé le peu d'argent dont il pouvait disposer chez un banquier de New-York. Ce dernier, se voyant sur le point de faire faillite, fit connaître sa position au prince et s'offrit à lui rembourser les sommes déposées à sa banque. « Je ne veux pas augmenter encore vos embarras, » répond le Prince en refusant de reprendre l'argent qu'on lui offre. Ce beau trait est resté gravé dans la mémoire des Américains. Et plus tard, lorsqu'on apprit les événements du 2 décembre, des toasts furent portés en public à New-York au succès et à la prospérité de Louis-Napoléon.

Pendant que le prince se disposait à voyager dans les États-Unis, une lettre de sa mère vint lui apprendre qu'elle était dangereusement malade. Rien alors n'eût pu le retenir. Il n'avait du reste pris aucun engagement à l'égard du gouvernement de Louis-Philippe.

Voici la touchante lettre d'adieu que lui écrivait sa mère.

«Mon cher fils, on doit me faire une opération absolument nécessaire. Si elle ne réussissait pas, je t'envoie par cette lettre ma bénédiction. Nous nous retrouverons, n'est-ce pas, dans un meilleur monde, où tu ne viendras me rejoindre que le plus tard possible ? Et tu penseras qu'en quittant celui-ci, je ne regrette que toi, que ta bonne tendresse seule qui m'y a fait trouver quelque charme. Cela sera une consolation pour toi, mon cher ami, de penser que par tes soins tu as rendu ta mère heureuse autant qu'elle pouvait l'être ! Tu penseras à toute ma tendresse pour toi, et tu auras du courage. Pense que l'on a toujours un œil bienveillant et clairvoyant sur ce qu'on laisse ici-bas ; mais bien sûr on se retrouve. Crois à cette douce idée ; elle est trop nécessaire pour ne pas être vraie. Ce bon Arèse, je lui donne aussi ma bénédiction comme à un fils. Je te presse sur mon cœur, mon cher ami. Je suis bien calme, bien résignée, et j'espère encore que nous nous reverrons dans ce monde-ci.

« Que la volonté de Dieu soit faite !

« Ta tendre mère,<br>« HORTENSE.

« Ce 3 avril 1837. »

Pour aller auprès de cette mère il brava tout, et bientôt il eut la douleur de lui fermer les yeux, il arriva à temps pour recevoir ses derniers embrassements et sa dernière bénédiction.

Quelques instants avant d'expirer, elle fit appeler les gens de sa maison ; elle voulait presser la main de chacun d'eux : tous étaient en larmes ; elle était calme et résignée. Son fils, les dames attachées à sa personne et le docteur Conneau étaient à genoux au pied de son lit. Un profond silence régnait dans cette chambre où la mort allait entrer. La Reine, déjà en proie au délire, repassait dans son esprit les scènes déchirantes dont elle avait été témoin auprès de l'Empereur, à l'époque des terribles malheurs de 1814 et 1815 ; puis, dans un de ces retours de raison qui suspendent, par une lueur passagère, les transports de l'agonie, elle s'écria : « Je n'ai fait de mal à personne, Dieu aura pitié de moi. » Alors elle reconnut toutes les personnes qui l'entouraient, fit un mouvement pour embrasser son fils, et passa ainsi doucement dans l'éternité.

Le Prince lui ferma les yeux, puis, étant retombé immobile et en pleurs, il resta à genoux devant sa mère, la tête appuyée sur sa main, jusqu'à ce qu'on vînt l'arracher d'auprès de cette amie dont il ne pouvait se séparer.

Quelque temps avant sa mort, la reine Hortense avait fait son testament. On y lit ces paroles, que respirent une évangélique charité :

« Je n'ai à donner à mon fils aucun conseil politique, je sais qu'il connaît sa position et tous les devoirs que son nom lui impose. Je pardonne à tous les souverains avec lequels j'ai eu des rapports d'amitié, la légèreté avec laquelle ils m'ont jugée. Je pardonne à tous les ministres et chargés d'affaires des puissances européennes les rapports mensongers qu'ils ont faits contre moi. Je pardonne à quelques Français auxquels il m'a été donné d'être utile et qui, pour s'acquitter envers moi, m'ont opprimée et poursuivie. Je pardonne à ceux qui ont ajouté foi sans examen aux calomnies publiées contre moi, et j'espère que je vivrai dans le souvenir de mes chers compatriotes. »

Les cendres de cette mère bien-aimée étaient à peine refroidies, que le gouvernement de Louis-Philippe fit demander son expulsion de Suisse. Celle-ci se montra grande et résista. Mais Louis-Napoléon, ne voulant pas être une cause d'embarras pour ce peuple hospitalier, se retira en Angleterre, non sans regretter le pays où s'étaient écoulés les jours de son exil; ce fut encore une douleur ajoutée à tant d'autres douleurs.

## CHAPITRE IV.



**Seconde captivité. — Boulogne. — Ham.**

Le prince Louis-Napoléon fut accueilli avec sympathie à Londres. L'aristocratie l'entoura des plus hautes prévenances. Il savait se faire respecter partout.

Parlant de la manière de vivre du prince Louis-Napoléon dans cette résidence, l'auteur des *Lettres de Londres* s'exprime ainsi :

« Le prince est un homme de travail et d'activité, sévère pour lui-même, indulgent pour les autres. Dès six heures du matin il est dans son cabinet, où il travaille jusqu'à midi, heure de son déjeuner. Après ce repas, qui ne dure jamais plus de dix minutes, il lit les journaux et fait prendre des notes sur ce qu'il y a de plus important dans les nouvelles et la politique du jour. A deux heures il reçoit des visites; à quatre heures il sort pour ses affaires particulières : il monte à cheval à cinq heures et dîne à sept heures; puis ordinairement, il trouve encore le temps de travailler plusieurs heures dans la soirée.

« Quant à ses goûts et à ses habitudes, ils sont ceux d'un homme qui n'apprécie la vie que par son côté sérieux ; il ne connaît pas le luxe pour lui-même. Dès le matin, il s'habille pour toute la journée ; de toute sa maison il est le plus simplement mis, quoiqu'il ait toujours dans sa tenue une certaine élégance militaire. Dès sa plus tendre jeunesse il méprisait les usages d'une vie efféminée et dédaignait les futilités du luxe. Quoique alors une somme considérable fût déjà consacrée par sa mère à son entretien, c'était toujours la dernière chose à laquelle il pensait. Tout cet argent passait à des actes de bienfaisance, à fonder des écoles ou des salles d'asile, à étendre le cercle de ses études, à imprimer ses ouvrages politiques ou militaires comme son *Manuel d'artillerie*, ou bien à des expériences scientifiques. Sa manière de vivre a toujours été rude et frugale. A Arenenberg elle était toute militaire. Son appartement, situé non dans le château, mais dans un pavillon à côté, n'offrait rien de cette recherche qu'on remarquait dans la demeure de la reine Hortense. C'était vraiment la tente d'un soldat. On n'y voyait ni tapis, ni fauteuils, ni rien de ce qui peut énerver

le corps, mais des livres de sciences et des armes
de toute espèce. Dès la pointe du jour il était à
cheval, et avant que personne fût levé au château, il avait déjà fait plusieurs lieues quand il
se mettait au travail dans son cabinet. Habitué aux
exercices militaires, cavalier des plus adroits que
l'on pût voir, il ne passait pas de jour sans se
livrer à quelques-uns de ces exercices comme
celui du sabre et de la lance à cheval, et le ma-
niement des armes de l'infanterie, qu'il exécutait
avec une adresse et une rapidité extraordinaires. »

Cependant le Prince ne perdait pas de vue la
France. Un instinct secret lui disait qu'il devait
la gouverner un jour et la relever de ses faiblesses. D'ailleurs son âme était profondément
blessée : les restes de Napoléon Ier allaient être
rapportés de Sainte-Hélène, et le héros pren-
drait possession de sa dernière demeure sans
être accompagné d'aucun membre de sa famille,
faveur dont le pauvre lui-même n'est pas privé ;
de plus, les armes de l'Empereur avaient été li-
vrées au gouvernement de Louis-Philippe. Il
résolut donc une deuxième expédition.

Sans cesse entouré de Français de distinction,
d'officiers de haute capacité, prêts à le seconder
en toutes circonstances, ayant des intelligences
dans l'armée, dans l'administration et dans la
magistrature, il crut que le moment était favo-

rable. Il dressa lui-même le plan de cette expédition, le mûrit, l'élabora longuement, et puis
le confia à ses amis les plus dévoués, parmi lesquels se trouvaient Montholon, le fidèle compa-
pagnon de l'Empereur, Parquin et Persigny.

Cet acte avait profondément blessé le Prince
et justifia sa démarche ; aussi, dans une lettre
adressée au journal anglais *le Times*, il ne dis-
simule pas qu'il est prêt à pousser les choses
jusqu'aux dernières extrémités.

« Je m'associe du fond de mon âme à la pro-
testation de mon oncle Joseph. Le général Ber-
trand, en remettant les armes du chef de ma
famille au Roi Louis-Philippe, a été la victime
d'une déplorable illusion. L'épée d'Austerlitz ne
doit pas être dans des mains ennemies ; il faut
qu'elle puisse être encore brandie au jour du
danger pour la gloire de la France. Qu'on nous
prive de notre patrie, qu'on retienne nos biens,
qu'on ne se montre généreux qu'envers les
morts, nous savons souffrir sans nous plaindre,
tant que notre honneur n'est pas attaqué ; mais
priver les héritiers de l'Empereur du seul héritage que le sort leur ait laissé ; mais donner à un
heureux de Waterloo les armes du vaincu, c'est
trahir les devoirs les plus sacrés, c'est forcer les
opprimés d'aller dire un jour aux oppresseurs :
« *Rendez-nous ce que vous avez usurpé !* »

La ville de Boulogne fut choisie pour le théâtre de ce coup de main. L'expédition eut lieu le 6 août 1840; elle fut encore plus malheureuse que celle de Strasbourg. Bientôt, il fallut songer à la retraite. En cette occasion, le Prince fit preuve de sang-froid et de bravoure, il ne voulut pas fuir : « J'ai juré, dit-il, de mourir sur la terre de France, l'heure est venue de tenir mon serment. » Mais la Providence ne voulait pas qu'il mourût là ; elle voulait qu'il continuât de souffrir et de prendre les leçons du malheur, ce qui est plus difficile, quand on le fait noblement. On l'entraîna malgré lui, on le jeta dans un canot. Deux de ses amis furent frappés à ses côtés, lui-même fut légèrement blessé au bras et fait prisonnier. On l'enferma d'abord dans la citadelle de Boulogne, avec ses compagnons d'armes. De là on les transféra au fort de Ham, près Saint-Quentin, puis à Paris, où ils furent jugés.

Les débats commencèrent le 26 septembre 1840.

Le prince demanda la parole. Voici quelques passages du discours qu'il prononça :

« Pour la première fois de ma vie il m'est enfin permis d'élever la voix en France et de parler librement à des Français...

« Une occasion solennelle m'est offerte d'expliquer à mes concitoyens ma conduite, mes intentions, mes projets, ce que je pense, ce que je veux...

« Gardez-vous de croire que, me laissant aller aux mouvements d'une ambition personnelle, j'aie voulu tenter en France, malgré le pays, une restauration impériale. J'ai été formé par de plus hautes leçons, et j'ai vécu sous de plus nobles exemples.

« Je suis né d'un père qui descendit du trône sans regret le jour où il ne jugea plus possible de concilier avec les intérêts de la France les intérêts du peuple qu'il avait été appelé à gouverner.

« L'Empereur, mon oncle, aima mieux abdiquer l'empire que d'accepter par des traités les frontières restreintes qui devaient exposer la France à subir les dédains et les menaces que l'étranger se permet aujourd'hui. Je n'ai pas respiré un jour dans l'oubli de tels enseignements. La proscription imméritée et cruelle qui, pendant vingt-cinq ans, a traîné ma vie des marches du trône sur lesquelles je suis né jusqu'à la prison d'où je sors en ce moment, a été impuissante à irriter comme à fatiguer mon cœur : elle n'a pu me rendre étranger un seul jour à la dignité, à la gloire, aux droits et aux intérêts de la France. »

Après le prince, M. Berryer, son avocat, prit la parole, et, entre autres, fit entendre ces admirables accents :

« Le gouvernement, vous le savez, messieurs, a senti un tel besoin de se rallier au principe impérial qu'un ministre du roi a dit : « Napoléon « fut le souverain légitime du pays. » C'est alors que le jeune prince a vu se réaliser ce qui n'était encore que dans les pressentiments des hommes qui ourdissaient ce plan combiné contre la France ; et vous ne voulez pas que ce prince téméraire, présomptueux peut-être, mais doué d'un caractère qui a du sang, vous ne voulez pas que, sans consulter ces ressources que savent si bien se ménager les conspirateurs de longue main, il se soit dit : « Ce nom, qui réveille la foi « dans la victoire, et qui répand la terreur de la « défaite, c'est à moi de le porter vivant sur la « frontière ! Je suis le fils, l'héritier de l'Empe- « reur ; son sang, il est dans mes veines ; ce deuil « qu'on apprête, c'est à moi de le conduire. » Quoi ! ces armes qu'on déposera sur le tombeau, vous les disputez à l'héritier du héros ! Ah ! messieurs, comprenez donc comme moi que c'est sans calcul que le prince, jeune et ardent, s'est dit : « J'irai, je conduirai le deuil, je poserai les

« armessur la tombe de l'Empereur, et je dirai
« à la France : Voulez-vous de moi ?... »

« S'il y a crime, c'est vous qui l'avez fait,
c'est vous qui, par vos principes, par les actes
solennels du gouvernement, l'avez provoqué ;
c'est vous qui l'avez déclaré déchu de ses droits,
de son rang, de son nom de neveu de l'Empereur ! vous qui, sous la proscription même, avez
nourri le jeune prince dans la conviction de ses
droits. S'il y a crime, je le répète, vous l'avez
inspiré.

«.... Que ferez-vous ? Le jetterez-vous au loin
sur quelque rocher désert, pour qu'une autre
tombe de Sainte-Hélène contienne d'autres glorieux ossements ? prononcerez-vous une peine
infamante ? Non, dans une chambre française
une condamnation infamante sur ce nom est impossible ; une condamnation infamante sur ce
nom ne sera pas le premier gage de paix à venir
que vous voudriez jeter à l'Europe. »

Mais ces efforts de l'éloquence devaient être
inutiles. L'arrêt était rédigé d'avance, et Louis-
Napoléon fut condamné à une prison perpétuelle
dans une forteresse du royaume.

En entendant prononcer sa sentence, le prince
Louis-Napoléon s'écria : « Au moins j'aurai le
bonheur de mourir en France ! » Ce n'était pas

en prison qu'il devait mourir, mais il devait passer par toutes les épreuves. Il savait les souffrances du cœur, de l'exil, des revers, de l'ingratitude, de la calomnie : il lui restait les ennuis d'une longue captivité à dévorer. Bien-heureux les États dont les chefs ont connu toutes les épreuves ! Un prince qui n'a pas souffert, qui a toujours été entouré de flatteurs, que sait-il ? C'est, et ce sera toujours un homme incomplet. C'est la souffrance surtout qui fait l'éducation des hommes ; par elle, l'âme se replie sur elle-même et finit par découvrir tous les trésors de compassion que le ciel a cachés dans son cœur. Celui qui a souffert se rappelle ses douleurs en présence des douleurs des autres, et il se dit : « J'aurais été si heureux si on m'eût soulagé autrefois dans ma peine ! Eh bien, procurons ce bonheur ! » Et il passe par-dessus la raison d'État, qui n'est souvent qu'une raison de geôlier ; on l'a bien vu par la manière dont Abdel-Kader a été traité.

Puis il restait encore au Prince beaucoup de choses à étudier ; et du temps et de la solitude lui furent donnés. On peut dire que quand Dieu fait passer un homme de son rang par de pareilles épreuves, c'est qu'il le réserve à de grandes choses.

Louis-Napoléon fut donc de nouveau renfermé dans le fort de Ham; il y passa six ans sans se plaindre, sans qu'il fût possible de lui reprocher le moindre acte de faiblesse. Sa prison était une partie de caserne, elle était composée de deux petites pièces pour le prince et d'une petite salle à manger. Tout était dans un état de complet délabrement. Le papier tombait le long des murs. Les plafonds étaient effondrés, les pavés disloqués. A la fin, le ministre *s'empressa de consacrer six cents francs* à la restauration de la prison d'un membre de la famille impériale. Les premiers jours il n'y avait pas même de chandelier. Le prince mit sans façon sa bougie dans une bouteille. En ce temps-là, il n'était pas riche: il venait de liquider les pensions des anciens serviteurs de sa famille. Quand le temps de prison de son fidèle serviteur Thélin fut écoulé, celui-ci put sortir quelquefois et se procurer les objets les plus indispensables. Dans ce pauvre réduit, le prince était ce qu'il est aujourd'hui aux Tuileries. Calme et digne toujours, il sut se concilier le respect et même les sympathies de ceux qui l'entouraient. Les soldats de la garnison l'aimaient, ils étaient heureux de le voir quand il faisait sa promenade sur la terrasse ou quand il y cultivait son petit jardin. Il leur arrivait même de crier : *Vive Napoléon!* Aussi, souvent changeait-on la garnison. Les habitants de

Ham venaient aussi à l'heure de sa promenade le saluer de leurs acclamations.

A peine arrivé dans sa prison, le prince reprit avec ardeur ses études ; son corps était captif, mais sa pensée était libre et son cœur aussi. Ses travaux et ses recherches se dirigèrent surtout vers les moyens d'améliorer le sort des masses. Rendre les hommes meilleurs et plus heureux, voilà quel était le but de ses efforts. C'est en prison qu'il a publié son livre de l'*Extinction du Paupérisme*, dans la préface duquel se trouvent ces belles paroles : *Il est naturel dans le malheur de songer à ceux qui souffrent.*

Un premier hommage fut rendu à cette œuvre par les ouvriers, qui adressèrent au Prince la lettre suivante, couverte d'un nombre immense de signatures :

« Prince,

« Vous vous occupez, dans votre prison, des souffrances du peuple et de son avenir ; il mérite votre bienveillante sollicitude, car c'est dans ses rangs que se sont réfugiés les sentiments qui ont autrefois rendu la France fière et glorieuse. L'écrit si remarquable que vous venez de publier sur le *Paupérisme* a vivement excité notre reconnaissance. Nous venons vous remercier, au nom de la classe ouvrière, de songer et de travailler à son bien-être. L'Empereur était notre roi, à nous, il nous aimait sincèrement, et nous sommes heureux de voir son neveu nous continuer cet attachement.

« Croyez-le bien, Prince, c'est avec douleur que nous vous voyons enseveli dans une citadelle sur le sol de la France. Nous faisons des vœux pour que la liberté vous soit enfin rendue avec tous vos droits de citoyen français. Puisse ce témoignage de sympathie adoucir les tristesses de votre prison et vous rappeler quelquefois qu'il y a autour de vous des compatriotes qui admirent votre courage, estiment votre noble caractère et aiment en vous le neveu de celui qui fut l'Empereur du peuple.

« Nous avons l'honneur d'être, avec un profond respect,

» Prince,

« Vos très-humbles et très-reconnaissants serviteurs. »

Voici quelle fut la réponse du prince, adressée à M. Cartille, imprimeur à Paris :

« Fort de Ham, le 14 octobre.

« Monsieur,

« J'ai été bien touché de la lettre que vous m'avez adressée au nom de plusieurs personnes de la classe ouvrière, et je suis heureux de penser que quelques-uns de mes concitoyens rendent justice au patriotisme de mes intentions.

« Un témoignage de sympathie de la part d'hommes du peuple me semble cent fois plus précieux que ces flatteries officielles que prodiguent aux puissants les soutiens de tous les régimes ; aussi m'efforcerai-je de mériter les éloges et de travailler dans les intérêts de cette immense majorité du peuple français, qui n'a aujourd'hui ni droits politiques, ni bien-être assuré, quoiqu'elle soit la source reconnue de tous les droits et de toutes les richesses.

« Compagnon des malheureux sergents de la Rochelle, vous devez facilement comprendre quelles sont mes opinions et quels sont mes sentiments, puisque vous avez souffert pour la même cause que moi ; aussi est-ce avec plaisir que je vous prie d'être auprès des signataires de la lettre que vous m'avez adressée l'interprète de mes sentiments de reconnaissance, et recevez,

» Monsieur,

» l'assurance de mon estime et de ma sympathie,

« *Signé :* NAPOLÉON-LOUIS. »

Au mois d'avril 1842, il publia un autre ouvrage qui a pour titre : *Analyse de la question des sucres*. Ici son but était d'améliorer le sort de l'agriculteur, car rien ne lui est étranger de ce qui peut intéresser le bonheur de la France. « L'agriculture, dit-il dans cet ouvrage, est le premier élément de la prospérité d'un pays, parce qu'elle forme la population saine, vigoureuse et morale des campagnes. L'industrie repose trop souvent sur des bases éphémères ; et quoique, sous certains rapports, elle développe davantage les intelligences, elle a l'inconvénient de créer une population malingre qui a tous les défauts physiques provenant d'un travail malsain dans des lieux privés d'air, et les défauts moraux résultant de la misère et de l'agglomération d'hommes sur un petit espace. »

Le prisonnier de Ham, de l'agriculteur passé à l'armée. Pourrait-il l'oublier, n'est-ce pas elle qui devait lui aider à sauver la patrie désolée? Vers la même époque il fit paraître les *Réflexions sur le recrutement de l'armée*. Cet écrit se recommande encore par une étude approfondie de la matière et par des vues d'une haute portée.

Tous les militaires s'accordaient à reconnaître que les *Réflexions sur le recrutement* étaient le travail d'un homme fort et qui avait longtemps médité sur le sujet; ils le proclamaient parfaitement au courant de la spécialité, et son livre était évidemment l'œuvre d'une plume amie, un témoignage de bienveillance qui leur était donné ; à ce titre, il méritait doublement leurs suffrages.

Tels étaient les soucis et les travaux du Prince dans sa prison. Sa captivité ne l'empêchait pas de songer à la prospérité de sa patrie. Du reste, un instinct secret lui disait qu'un jour il devait régner, malgré les murs de son cachot. Ce n'était pas ambition chez lui, mais c'était comme une religion, une foi dans la Providence et en lui-même. «Avec le nom que je porte, écrit-il, *il me faut l'ombre d'un cachot ou la lumière du pouvoir.* » En dépit des murs de la forteresse, en dépit des hommes, sa conviction est qu'un jour il doit gouverner la France... il la gouvernera... et cela se fait aujourd'hui, cela s'accomplit, on sait avec quel enthousiasme. Qu'on dise que la Providence n'y a pas mis la main ! Comment donc cela s'est-il fait ? Il y a vingt ans, dans une prison que les hommes disaient perpétuelle et aujourd'hui sur le plus beau trône du monde !...

Plus d'une fois on avait fait comprendre au Prince que, s'il voulait signer des engagements qui étaient contraires à son honneur, il serait rendu à la liberté. Il repoussa ces offres avec indignation, et aima mieux garder la captivité et l'honneur que de vivre libre et déshonoré. D'ailleurs, comme il le disait lui-même : au moins, dans sa prison, il respirait l'air de la patrie.

Il était donc résigné à y vivre, quand une désolante nouvelle lui vint de l'Italie : son vieux père se mourait, et, avant de mourir, il voulait voir encore une fois le seul enfant qui lui restât sur la terre. Ce que le Prince n'avait jamais fait pour lui-même, il le fit par piété filiale. Il demanda au gouvernement la permission d'aller fermer les yeux de son père mourant sur la terre de l'exil, en donnant sa parole d'honneur qu'il reviendrait après reprendre sa vie de prison... Le gouvernement de Louis-Philippe refusa, en mettant à cette faveur des conditions impossibles. C'est alors que, l'âme ulcérée, le Prince prit la résolution de s'évader de sa prison pour courir au lit de mort de son père. Cette évasion fut préparée et conduite avec la plus heureuse habileté. Elle a tout l'intérêt d'un roman ; nous allons en emprunter quelques détails au récit fait par un témoin oculaire (1).

« Voici ce qui fut convenu entre le Prince et les confidents de son dessein. Après avoir demandé au commandant la permission de se ren-

______

(1) Nous empruntons ce récit à un volume qui a pour titre : *Histoire anecdotique de Napoléon III*, par M. Louis Pascal. Il a été certifié exact par M. Thélin lui-même.

dre à Saint-Quentin, ainsi que cela lui était
arrivé déjà plusieurs fois, Thélin, le fidèle compagnon de ses malheurs, devait se procurer os-
tensiblement une voiture, et au moment où il
quitterait la citadelle pour aller la chercher, le
Prince, déguisé en ouvrier, sortirait en même
temps que lui. Cette combinaison offrait deux
avantages : le premier, de mettre Thélin à même
de détourner l'attention de dessus le soi-disant
ouvrier, en jouant avec le chien du Prince, le
fidèle *Ham*, qui était très-connu et très-aimé de
la garnison ; le second, de pouvoir toujours appeler à lui, afin d'opérer une diversion, toutes
les personnes qui, prenant le Prince pour un ouvrier, seraient tentées de lui adresser la parole.

« Le lundi 2 mai 1847 fut choisi pour le jour
de l'exécution du projet d'évasion qui devait
avoir lieu à sept heures du matin. Le Prince se
leva de bonne heure, disposa tout pour sa fuite ;
et, à la dernière extrémité, on se mit en devoir
de couper ses moustaches. Le prisonnier ne put
s'empêcher de sourire, lorsqu'à la vue du rasoir
faisant une fonction inaccoutumée, une véritable
consternation se peignit sur le visage des personnes qui l'entouraient.

« Le Prince possédait un talisman, une sorte
d'amulette sacrée, c'étaient deux lettres, l'une
de sa mère, l'autre de Napoléon. Jamais il ne se

séparait de ces gages précieux d'une douce et
constante tendresse et des souvenirs les plus
chers; il allait placer sous son vêtement le petit
portefeuille où ils étaient renfermés, lorsqu'il lui
vint à la pensée que si on le fouillait à la frontière, ces papiers pourraient le trahir. Il eut un
instant d'hésitation, mais le docteur Conneau,
qu'il consultait du regard, ayant paru vouloir
l'affermir dans sa touchante superstition du cœur,
le sentiment l'emporta sur les conseils de la prudence. Le Prince cacha religieusement sur sa
poitrine les deux seules reliques qu'il eût alors
de la grandeur passée de sa noble famille. La
lettre de l'Empereur était adressée à la reine
Hortense; on y lisait ces mots prophétiques :
« J'espère qu'il grandira et sera digne des des-
« tinées qui l'attendent. » C'était en parlant du
Prince que l'Empereur s'exprimait ainsi.

« Les préparatifs de toilette se firent vivement : le Prince passa un premier vêtement assez
dégagé et assez semblable à celui d'un courtier
de commerce ou d'un commis voyageur; il dis-
simula le tout sous une blouse et un pantalon
d'une usure et d'une vétusté non équivoques; un
tablier bleu à l'avenant, une perruque à longs
cheveux noirs et une mauvaise casquette complétèrent le costume, et quand il se fut un peu
graissé la figure et noirci les mains, il ne man-

qua plus rien à la métamorphose. On touchait
au moment de l'action, toute émotion disparut
alors et le Prince déjeuna comme de coutume.
Le repas terminé, ce fut l'affaire de quelques
minutes, il chaussa ses sabots, s'arma d'une pipe
de terre raisonnablement culottée, et comme il
avait maintes fois remarqué qu'allant et venant,
beaucoup d'ouvriers apportaient ou rapportaient
des planches, il détacha un des longs rayons de
sa bibliothèque, le mit sur son épaule et se disposa à partir avec ce fardeau derrière lequel
pouvait toujours disparaître un côté du visage.

« A sept heures moins un quart, Thélin appela tous les ouvriers qui se trouvaient dans l'escalier et les fit entrer dans la salle à manger où
l'homme de peine Laplace, invité comme eux,
fut chargé de leur verser à boire. Confier à ce
dernier cette tâche d'échanson, c'était le meilleur moyen de se débarrasser de lui. Cette utile
diversion ainsi opérée, Thélin vint avertir le
Prince qu'il n'y avait pas un instant à perdre.
Aussitôt Thélin descendit l'escalier, au bas duquel étaient les deux gardiens Dupin et Issalé,
ainsi qu'un ouvrier qui travaillait à la rampe. Il
échangea quelques mots avec les premiers, qui
lui dirent bonjour et qui, présumant bien, à le
voir porter son paletot sur le bras, qu'il allait à
Saint-Quentin, lui souhaitèrent bon voyage. Pour

assurer le passage du Prince, il fallait au moins neutraliser le coup d'œil d'un des deux gardiens. Thélin, sous prétexte de lui faire une communication qui l'intéressait, attira Issalé dans le guichet et se plaça de manière à ce que celui-ci, pour l'écouter, fût obligé de tourner le dos à la porte.

« Au moment où le Prince quittait sa chambre, déjà quelques ouvriers sortaient de la salle à manger située à l'autre extrémité du corridor. La rencontre eût été périlleuse, mais le docteur sut à propos les occuper par quelques questions que lui suggéra sa présence d'esprit, et aucun d'eux ne remarqua le prisonnier qui descendait lestement l'escalier. Arrivé aux dernières marches, le Prince se trouva face à face avec le gardien Dupin, qui recula pour éviter la planche dont la position horizontale ne lui permit pas de voir un profil qu'il aurait trop bien reconnu. Le prince franchit ensuite les deux portes du guichet en passant derrière Issalé, pendant que Thélin le retenait à causer; puis il s'élança dans la cour. Alors un garçon serrurier qui était descendu immédiatement après lui et qui le suivait de très-près, se mit à hâter le pas pour lui adresser la parole; mais Thélin l'appela, et, comme il était l'homme aux prétextes, celui qu'il improvisa l'engagea à remonter.

« Au moment où le Prince passait devant la première sentinelle, la pipe glissa de sa bouche et tomba aux pieds du soldat. Sans se déconcerter, il s'arrêta et se baissa pour la ramasser; le soldat le regarda machinalement, et, sans y avoir autrement porté attention, il reprit sa marche monotone. Ce fut presque un miracle que, malgré son déguisement, le prisonnier, dont le signalement avait été la principale étude de quiconque, de loin ou de près, avait mission de veiller sur lui, pût éviter d'être reconnu. A chaque pas, pour ainsi dire, il y avait quelqu'un d'intéressé à le découvrir. A la hauteur de la cantine, il passa tout près de l'officier de garde qui lisait une lettre, et plus près encore peut-être du garde du génie et de l'entrepreneur des travaux qui, un peu plus loin, étaient également occupés à examiner des papiers. Son chemin obligé le conduisit au milieu d'une vingtaine de soldats qui se réchauffaient au soleil, devant le corps de garde; le tambour regarda d'un air moqueur l'homme à la planche que la sentinelle ne parut pas même apercevoir.

« Le portier-consigne était sur la porte de sa loge d'où il dirigeait ses regards vers Thélin, qui se tenait toujours en arrière et s'efforçait d'attirer l'attention, en jouant bruyamment avec *Ham* qu'il menait en laisse. Le sergent de planton posté à côté du guichet regarda fixement le Prince, mais cet examen fut interrompu par un mouvement de la planche dont l'une des extrémités, pointée sur la figure du soldat qui tenait le verrou, l'obligea à se ranger. Il ouvrit aussitôt la porte en détournant la tête; le prince sortit et la grille se referma. Thélin alors souhaita le bonjour au portier-consigne et sortit à son tour.

« Entre les deux ponts-levis, le prince vit venir droit à lui, du côté où son visage n'était pas caché par la planche, deux ouvriers qui, de la distance où ils étaient, le considéraient d'une façon d'autant plus inquiétante, qu'en élevant la voix ils manifesteraient leur étonnement de rencontrer en ce lieu un menuisier qui ne fût pas de leur connaissance. Peut-être leur surprise se bornerait-elle à cette simple expression, sans qu'ils en vinssent à un éclaircissement. Dans cette supposition, le prince fit la seule chose qu'il eût à faire : feignant d'être fatigué de porter la planche sur l'épaule droite, il la plaça sur l'épaule gauche; mais ces hommes paraissaient si curieux, qu'un instant il crut ne pas pouvoir leur échapper... Dieu ! qu'allait-il devenir ? Que ferait-il s'il était découvert ? Enfin ils étaient tout près de lui, et ils semblaient s'apprêter à lui parler, lorsqu'il eut la satisfaction de les entendre s'écrier : « *Ah ! c'est Berthoud !* » Oui, c'était

Berthoud pour eux, et le prince était sauvé ! et il devait à une inconcevable méprise d'être pour toujours, du moins il l'espérait, hors de ces murs dans lesquels il avait été enfermé cinq ans et neuf mois.

« Le prince ne connaissait pas la ville de Ham ; mais un plan qu'en avait fait le docteur Conneau lui servait à se guider. Il prit sans hésiter le chemin qui devait, par les remparts, le conduire à la route de Saint-Quentin, tandis que Thélin allait chercher le cabriolet retenu la veille.

« Le prince avait hâté le pas, et, malgré ses sabots, il était arrivé à une demi-lieue de la ville, près du cimetière de Saint-Sulpice. Là, il attendait la voiture que devait amener son fidèle Thélin. Une pauvre croix de bois s'élevait au milieu de ce champ du repos. Le fugitif se prosterna au pied de cette croix et remercia, du fond de son cœur, le Dieu qui venait de le conduire, comme par la main, à travers tant de dangers.

« Cependant on entend un bruit de voiture : Thélin paraît... c'est lui, lui seul, ainsi qu'on en est convenu, qui amène le cabriolet. Le Prince va se débarrasser de sa planche, mais il aperçoit une autre voiture qui vient du côté de Saint-Quentin ; il continue alors à marcher pour laisser le temps à celle-ci de dépasser Thélin, qui avait également ralenti sa marche. Enfin le Prince ayant caché dans un champ de blé cette planche, *véritable planche de salut*, il s'élança dans le cabriolet, secoua la poussière dont il était couvert, ôta ses sabots qu'il jeta dans un fossé, et, pour commencer son nouveau rôle, qui était celui de cocher, il saisit les rênes et se mit à conduire. En ce moment, les deux voyageurs virent déboucher du village de Saint-Sulpice, et accourir au grand trot, deux gendarmes de Ham. Pour eux, c'était une alerte, mais ils ne tardèrent pas à se rassurer ; car pendant que le cabriolet filait, les deux cavaliers, qui ne songeaient pas à l'atteindre, prirent, derrière eux, la route de Péronne.

« Les cinq lieues qui séparent Ham de Saint-Quentin furent franchies rapidement. Thélin, à chaque rencontre, cachait sa figure avec son mouchoir, ce qui ne l'empêcha pas, a-t-on dit depuis, d'être reconnu par plusieurs personnes et notamment par le président du tribunal de Saint-Quentin, qui se rendait à Ham. On assure, en outre, qu'une bonne femme, qui avait souvent remarqué le valet de chambre du prince, ne pouvait revenir de sa surprise de l'avoir vu accompagné d'un homme aussi mal vêtu. Aux approches de Saint-Quentin, le prince quitta toute sa défroque de menuisier et ne garda que sa perruque noire. Il remplaça sa vieille casquette par une casquette à bords galonnés, et passa sur son vêtement une petite blouse plus propre que celle qu'il portait auparavant. Bientôt après, il descendit de cabriolet, pour faire, à pied, le tour de la ville et gagner la route de Cambrai, sur laquelle Thélin devait venir le rejoindre avec des chevaux frais.

« Le maître de poste, M. Abric, venait de sortir ; mais Thélin, qui était également connu de madame Abric, lui dit qu'ayant affaire à Cambrai et désirant revenir de bonne heure, il la priait de faire atteler le plus promptement possible une chaise de poste ; il lui demanda en même temps de laisser chez elle son cheval et son cabriolet. Madame Abric mit le plus grand empressement à faire servir Thélin, à qui elle offrit obligeamment la petite voiture de son mari.

« Cette dame voulait à toute force retenir Thélin à déjeuner ; mais à la fin, ne doutant plus qu'il ne fût très-pressé, elle craignit d'insister davantage. Cependant le voyageur, tout en s'excusant de ne pouvoir accepter, avait loué avec une complaisance extrême la bonne mine d'un pâté froid qui se trouvait sur la table. Il fallut qu'il en emportât une tranche qui, soigneusement enveloppée, fournit bientôt après au prince un déjeuner que sa longue promenade à pied l'avait parfaitement disposé à trouver délicieux.

« Thélin, malgré son impatience et la bonne grâce de madame Abric, n'osait pas trop presser à la poste, de peur d'éveiller des soupçons. Aussi le prince était-il depuis longtemps sur la route de Cambrai, où il commençait à s'inquiéter de ce que la voiture ne venait pas. Il se figura un moment qu'elle l'avait peut-être dépassé, pendant qu'il traversait les boulevards, et voyant un monsieur s'approcher, dans une voiture, sur la route de Cambrai, il lui demanda s'il n'avait pas rencontré une chaise de poste. Ce monsieur, qui lui répondit négativement, était le procureur du roi de Saint-Quentin. Assis sur le bord du chemin, le prince sentait à chaque instant redoubler son inquiétude, lorsque enfin, tout près de lui, se fit un léger bruit : c'était son petit chien qui, précédant d'assez loin la voiture, lui annonçait son arrivée. En effet, le petit cabriolet de M. Abric, attelé de deux bons chevaux, ne tarda pas à paraître ; le prince y monta et le postillon partit au galop.

« Les voyageurs tâchaient de gagner de l'avance, engageant par tous les moyens possibles le postillon à pousser ses chevaux. Celui-ci, impatienté de leurs recommandations, finit par leur dire énergiquement : « *Vous m'embêtez*, » mais il n'en continua pas moins à brûler le pavé. Pendant qu'on changeait de chevaux au premier relais, un cavalier en bonnet de police arriva au galop ; on le prit pour un gendarme, et le Prince se disposait à l'éviter, lorsqu'on reconnut que c'était un sous-officier de la garde nationale. Aucun accident ne survint jusqu'à Valenciennes, où, grâce à la puissance des gros pour-boire prodigués aux postillons, on arriva à deux heures un quart. Ce fut là seulement qu'on demanda les passe-ports. Thélin montra celui du courrier anglais, et le prince n'eut pas besoin d'exhiber le sien.

« Il était maintenant hors de toute probabilité que l'on pût rejoindre le fugitif. Toutefois, Thélin n'était pas encore parfaitement rassuré ; aussi ne laissa-t-il pas d'avoir constamment l'œil au guet, afin de voir les gendarmes s'il s'en présentait, et de ne pas être surpris par eux. Pendant qu'il supposait que sa vigilance ne pouvait pas être mise en défaut, tout à coup il s'entend nommer, se retourne et reconnaît... qui ? un gendarme de Ham sous des habits bourgeois. C'était une terrible apparition, et à laquelle le brave Thélin était loin de s'attendre ; cependant il ne perdit pas contenance, et rien ne parut, dans ses traits, d'une appréhension qui ne semblait que trop justifiée. Que voulait cet homme? Que faisait-il à Valenciennes? Sans doute, on l'avait expédié en toute hâte, et ce n'était pas sans motif qu'il s'était travesti... sa transformation était du plus sinistre augure; certes, il y avait bien là de quoi trembler ! Enfin, tout s'éclaircit dans le sens d'une panique. Après avoir demandé des nouvelles de la santé du Prince à Thélin dont il s'était rapproché, le gendarme lui apprit qu'il avait quitté la gendarmerie pour un emploi à cette même station du chemin de fer. »

Bientôt le prisonnier de Ham fut à Bruxelles, puis à Ostende, et enfin en Angleterre. Il était libre ! la captivité n'était déjà plus qu'un souvenir ; mais l'exil allait recommencer avec ses ennuis et ses persécutions.

Revenons maintenant à la prison de Ham. Le docteur Conneau, ami dévoué du prince, homme modeste et charitable qui ne profite de la haute confiance que lui a mérité son dévouement, que pour faire du bien, s'était chargé de cacher aussi longtemps que possible le départ du prisonnier. Laissons-le parler lui-même :

« En cherchant à dissimuler le départ du prince, mon intention était de lui procurer, s'il était possible, vingt-quatre heures d'avance sur les ordres qui seraient expédiés dès qu'on saurait l'événement. Je commençai par fermer la porte de communication entre la chambre à coucher du Prince et son salon; j'allumai un grand feu, bien qu'il fît extrêmement chaud; je voulais faire supposer que le Prince était malade. Dans ce but, je mis des cafetières au feu et je dis à l'homme de peine que le Prince était indisposé. Vers huit heures, on apporta de la diligence un paquet de plants de violettes. Je recommandai au gardien d'aller disposer des pots avec de la terre pour la plantation, et je l'empêchai d'entrer dans le salon du Prince. Vers huit heures et demie, l'homme de peine Laplace étant venu me demander où l'on déjeunerait, je lui répondis :

« — Dans ma chambre.

« — En ce cas, me dit-il, je vais y faire porter la grande table.

« — Non, lui dis-je, c'est inutile, le général Montholon est malade, il ne déjeunera pas avec nous.

« Je souhaitais ainsi pousser jusqu'au lendemain. J'avais dit que le Prince avait pris un remède; il fallait nécessairement que ce remède fût pris. Je m'exécutai. Je devais faire prendre aussi un bain. Impossible à cause des ouvriers. Je songeai alors à un vomitif; j'essayai de remplir les fonctions de malade, jamais je n'y pus parvenir. Afin de produire une illusion, je jetai dans un pot du café avec de la mie de pain que j'avais fait bouillir, et j'ajoutai au tout de l'acide nitrique, ce qui produisit une odeur assez désagréable. L'homme de peine dut alors bien se persuader que l'indisposition du Prince était réelle.

« Le commandant s'était déjà présenté, il avait été averti de la maladie du Prince. Vers midi et demi, je le vis pour la seconde fois, et je lui appris qu'il était plus calme. Après avoir regardé les travaux, il m'offrit de m'envoyer son domestique à cause du départ de M. Thélin. Vers une heure, je dis à Laplace de venir faire le lit du Prince. Toutes les fois que je sortais du petit salon où le Prince était censé reposer sur un canapé, je feignais de lui parler ; l'homme de peine cependant ne m'entendit pas, ce qui prouve qu'il n'avait pas le sens de l'ouïe très-délié.

« Jusqu'à sept heures et un quart, la journée se passa assez bien. A ce moment, le commandant entra d'un air un peu effaré.

« — Commandant, lui dis-je, le Prince va un peu mieux.

« — Si le Prince est souffrant, s'écria-t-il, il faut que je lui parle, il faut que je parle au Prince !

« J'avais disposé une sorte de mannequin et l'avais placé dans le lit du Prince. Une forme de tête que j'avais arrangée était posée sur l'oreiller.

« J'appelai le Prince, et *naturellement* le Prince ne répondit pas.

« Je revins vers le commandant à qui je fis signe qu'il dormait. Alors le commandant, qui ne comprenait rien à ce sommeil, ne crut pas devoir s'en tenir là. Il s'assit dans le salon, en disant : « Le Prince ne dormira pas toujours, je vais attendre. » L'instant d'après, il me fit observer que l'heure de l'arrivée des diligences étant passée, il était étrange que Thélin ne fût pas encore de retour. Je lui expliquai qu'il avait pris un cabriolet. « Le tambour battit; le commandant se leva et dit : «Le Prince a remué dans son lit, il se réveille. »

« Le commandant prêtait l'oreille, il n'entendait pas respirer.

« — Oh! je vous en prie, lui dis-je, laissez-le dormir.

« Il s'approcha du lit et trouva le mannequin. Il se tourna vers moi en s'écriant :

« — Le Prince est parti?

« — Oui.

« — A quelle heure?

« — A sept heures du matin. »

Le commandant parut comme frappé de la foudre; mais, atterré au premier moment, il se remit presque aussitôt, et, il faut le dire à sa louange, il supporta ce coup, qui brisait son

avenir et ses rêves d'ambition, avec le courage
d'un vieux soldat dont une balle ennemie a brisé
la carrière. Revenu de son étonnement, il n'a-
dressa au docteur Conneau aucune expression
de colère, aucun mot injurieux.

« — Vous m'avez bien trompé, lui dit-il, c'était
votre rôle. Quant à moi, j'ai fait mon devoir, et
je le ferai jusqu'au bout !...

« Et il s'élança hors de la chambre. Il appela
alors les gardiens, et, sans entrer dans aucune
explication, il leur ordonna de garder le docteur
à vue. Il ferma immédiatement les portes de la
prison, mit les clefs dans sa poche, consigna la
troupe, avertit la gendarmerie, envoya des es-
tafettes à Paris, à Amiens, à Péronne, et fit lever les ponts-levis de la citadelle. Ces dispositions prises, le commandant alla raconter
l'événement à sa femme, qui, à cette nouvelle,
tomba sans connaissance. »

C'est ici le lieu de retracer une scène presque
burlesque qui compléta le drame de cette journée si heureuse pour les uns, si malheureuse pour
quelques autres. Pendant que le docteur Conneau était resté tête à tête avec les gardiens,
ces deux hommes, inquiets de l'ordre qu'ils
avaient reçu du commandant, ne sachant pas
quelle était la raison de toutes ces mesures extraordinaires qu'ils voyaient prendre, deman-

dèrent au docteur ce qu'il y avait de nouveau.

— Comment? vous ne le savez pas! s'écria le docteur, le Prince est parti!

— Impossible! nous étions de garde au bas de l'escalier, et nous n'avons pas bougé de notre poste.

— Eh bien! il a passé devant vous.

— Quand cela?

— Ce matin.

— Encore une fois, cela ne se peut pas, nous l'aurions bien reconnu.

— Il a passé en ouvrier, et il portait une planche sur l'épaule.

— Nous n'avons pas vu d'ouvrier avec une planche sur l'épaule.

— Pourtant, c'est un fait et je vous l'affirme.

Alors un des gardiens, père de famille, se prit à pleurer, tandis que l'autre, vieux soldat et garçon, partit d'un grand éclat de rire.

— Ah! ma foi, s'écria-t-il, c'est une bonne farce!

Le docteur Conneau, aujourd'hui premier médecin de l'Empereur, fut cité devant les tribunaux, et condamné à deux mois de prison, et le fidèle Thélin, contumace, à six mois. On remarqua surtout cet admirable passage de la défense du docteur par Mᵉ Nogent Saint-Laurent :

« M. Conneau a bien agi. En vain vous fermeriez les yeux pour ne pas voir; en vain vous fermeriez vos cœurs pour ne pas sentir...

« La reine Hortense n'est plus! elle repose près de Paris, dans la modeste église d'un humble village, sous un marbre glacé. Le père existe encore et est à Florence, il est seul, car il n'a qu'un fils, et ce fils est en prison. La mort approche peut-être, faudra-t-il que le vieillard agite ses bras convulsifs, sans pouvoir embrasser son fils; faudra-t-il que le vieillard appelle d'une voix déchirante et brisée, sans que son fils puisse lui répondre? Ces conjonctures sont cruelles, épouvantables... Eh bien, M. Conneau a voulu que le père et la mère fussent égaux devant la mort, il a voulu que, comme la mère, le père mourût dans les bras de son fils. Est-ce une action coupable, messieurs? répondez-moi, et rappelez-vous que ce qui serait une vertu dans le ciel ne peut être coupable sur la terre. »

Avant de le quitter, saluons le vieux fort de Ham; c'est là que se sont mûries cette volonté puissante, cette intelligence supérieure, qui, aujourd'hui, étonnent le monde. On dit qu'un homme d'État se récriait un jour sur les connaissances si profondes de l'Empereur: celui-ci lui répondit : « J'ai étudié six ans à l'Université de Ham. » C'est là aussi que s'est fortifiée cette conviction du Prince qu'un jour il devait gouverner la France.

L'évêque d'Amiens, dans le diocèse duquel se trouve le fort, alla visiter le prisonnier de Ham. Naturellement il lui fit entendre des paroles de condoléance. « Monseigneur, lui répondit le Prince, je vous remercie des bonnes paroles de consolation que vous m'apportez ; pourtant, il ne faut pas trop me plaindre : j'avais besoin de temps, de solitude, pour me préparer ; la Providence m'en a donné ; car, tel que vous me voyez, je serai un jour à la tête de la France ! » L'évêque, hélas ! ne le croyait pas trop. Il paraît qu'un de ses grands vicaires fut frappé de l'accent de conviction du prisonnier, et s'en retourna avec la pensée que la chose pourrait bien se réaliser. Du reste, cette conviction était si vivante chez Louis-Napoléon, qu'il l'avait fait passer chez tous ceux qui l'entouraient. On demandait un jour à l'un des fidèles compagnons de sa captivité : « Est-ce que votre vie n'était pas bien triste dans ce vieux fort ? — Oh ! non, répondit-il ; d'abord, nous étions toujours avec le Prince ; puis, il était si convaincu qu'il régnerait un jour que nous le croyions tous fermement. Nous vivions d'espérance. »

# CHAPITRE V.

## La République et la Présidence.

Les temps étaient accomplis, les épreuves allaient finir. Le prince Louis-Napoléon s'était retiré en Angleterre; là, il écrivit la lettre suivante à M. de Saint-Aulaire, ambassadeur de France à Londres, pour expliquer son évasion :

« Monsieur le comte,

« Je viens franchement déclarer ici à l'homme qui a été l'ami de ma mère, qu'en quittant ma prison je n'ai été guidé par aucune idée de renouveler contre le gouvernement français une lutte qui a été désastreuse pour moi; mais seulement j'ai voulu me rendre auprès de mon vieux père.

« Avant d'en venir à cette extrémité, j'ai fait tous mes efforts pour obtenir du gouvernement français la permission d'aller à Florence. J'ai offert toutes les garanties compatibles avec mon honneur. Mais, ayant vu mes demandes rejetées, je me suis déterminé à avoir recours au dernier expédient adopté par le duc de Nemours et le duc de Guise, sous Henri IV, en pareille circonstance.

« Je vous prie, monsieur le comte, d'informer le gouvernement français de mes intentions pacifiques, et j'espère que cette assurance spontanée de ma part continuera à abréger la captivité de mes amis qui sont encore en prison.

« J'ai l'honneur, etc. »

Mais, hélas! si Louis-Napoléon n'était plus en prison, il n'était pas libre; on lui ferma le passage de l'Italie et il ne put aller embrasser son père mourant. Aussi, quand arriva la fatale nouvelle, sa désolation fut extrême. Les personnes qui étaient près de lui en ce moment garderont une long souvenir de leurs impressions. Son cœur saignait et une brûlante effusion de larmes fut seule capable de le soulager un peu...

Sur ces entrefaites, un grand événement s'accomplit en France, le trône de Louis-Philippe était tombé on ne sait comment, et la république avait été proclamée. A cette nouvelle le cœur du Prince bondit de joie, et il accourut à Paris, pour se mettre à la disposition du gouvernement provisoire; mais déjà le pouvoir nouveau avait

peur de lui, et on lui fit entendre que sa présence sur le sol français pouvait être un embarras : comme il voulait avant tout le bonheur
de sa patrie, il reprit la route de l'exil. Le peuple
sut apprécier ce dévouement, et, au mois de juin,
deux cent mille électeurs déposèrent son nom
dans l'urne électorale. On voulut contester la
validité de son élection ; obligé de reprendre
le chemin de l'exil, il écrivit de Londres aux
membres du gouvernement provisoire la lettre
suivante, qui prouve une grande abnégation chez
un exilé :

« Messieurs,

« Après trente-trois années d'exil et de per-
sécution, je crois avoir acquis le droit de retrouver un foyer sur le sol de la patrie.

« Vous pensez que ma présence à Paris est
maintenant un sujet d'embarras. Je m'éloigne
donc momentanément ; vous verrez dans ce sacrifice la pureté de mes intentions et de mon
patriotisme. »

Cependant le Prince est élu représentant, et
cette nouvelle lui parvient à Londres le 11 mai
1848. Le même jour, il écrit à M. Vieillard pour
lui faire connaître qu'il décline cet honneur, par
ce motif que :

« Son nom, ses antécédents ont fait de lui,
bon gré, mal gré, non un chef de parti, mais
un homme sur lequel s'attachaient les regards
de tous les mécontents..... »

Il ajoute :

« J'ai donc pris la ferme résolution de me
tenir à l'écart et de résister à toutes les séduc-
tions que peut avoir pour moi le séjour de mon
pays.

« Si la France avait besoin de moi, si mon
rôle était tout tracé, si, enfin, je pouvais croire
être utile à mon pays, je n'hésiterais pas à passer sur toutes ces considérations secondaires pour
remplir un devoir ; mais dans les circonstances
actuelles je ne puis être bon à rien, je ne serais
tout au plus qu'un embarras. »

Mais bientôt, il fut élu représentant dans
quatre départements, le département de la Seine
en tête. Pour le bien de la France, il refusa encore de venir siéger à l'Assemblée. On ne peut
pourtant pas le taxer d'ambition.

« J'étais fier d'avoir été élu représentant à
Paris et dans trois autres départements, écrivit-
il au président de l'Assemblée nationale ; c'était,

à mes yeux, une ample réparation pour trente années d'exil et six ans de captivité ; mais les troubles dont elle a été le prétexte, mais l'hostilité du pouvoir exécutif m'imposent le devoir de refuser un honneur qu'on croit avoir été obtenu par l'intrigue.

« Je désire l'ordre et le maintien d'une république sage, grande et intelligente ; et puisque involontairement je favorise le désordre, je dépose, non sans de vifs regrets, ma démission entre vos mains.

« Bientôt, je l'espère, le calme renaîtra et me permettra de rentrer en France, comme le plus simple des citoyens et aussi comme un des plus dévoués au repos et à la prospérité du pays. »

Enfin les électeurs ne se rebutent pas, cinq départements le nomment leur représentant à une formidable majorité ; il est bien vrai de dire que l'Empereur est l'homme de la volonté nationale : elle l'a voulu malgré tout. Dans la séance du 26 septembre 1848, le président proclama l'admission *du citoyen Louis-Napoléon Bonaparte.* C'était un immense pas de fait ; dès ce moment, son élection à la présidence était assurée ; mais la lutte fut vive, brûlante ; ses adversaires se servirent de tous les moyens pour le déconsidérer : injustice, déloyauté, calomnie et ridicule, tout fut mis en œuvre. A ces attaques, le prince répondit par une profession de foi où il disait avec franchise ce qu'il était et ce qu'il voulait.

Son manifeste contenait la phrase suivante :

« La République doit être généreuse et avoir foi dans son avenir : aussi, moi qui ai connu l'exil et la captivité, j'appelle de tous mes vœux le jour où la patrie pourra sans danger faire cesser toutes les proscriptions et effacer les dernières traces de nos guerres civiles. »

— C'est une imprudence, s'écria M. Thiers. L'amnistie, quand le sang de la bataille de juin n'est pas effacé sur le pavé des barricades ! La bourgeoisie va crier haro ! Il s'agit bien d'être généreux : il s'agit d'être habile !

Il oubliait que la meilleure politique avec le peuple français, c'est celle qui vient du cœur et qui respire l'honnêteté, et c'est celle-là que le Prince a suivie.

De tous les points de la France, les ouvriers s'entendirent pour voter pour Louis-Napoléon.

Voici la réponse qu'il fit à une lettre dans laquelle on lui offrait huit mille suffrages :

« Citoyens,

« De tous les témoignages qui m'arrivent, aucun ne m'a touché plus vivement que le vôtre. Il m'a prouvé que vous avez bien compris les motifs qui m'ont fait accourir sur la glorieuse terre de France. Vous ne m'étonnez pas en me signalant les départements. Je n'y oppose que la droiture de ma conscience, et je me sens assez fort, avec les seuls appuis que je réclame : le bon sens du peuple et l'héritage de mon nom. Répondez à ceux qui vous parlent de mon ambition, que j'en ai une grande, en effet : celle d'arracher la France au chaos de l'anarchie, et de la rétablir dans sa grandeur morale en même temps que dans sa liberté.

« Les ouvriers de Troyes, dont vous êtes les interprètes, doivent savoir que, dans l'exil et la prison, j'ai médité sur les grandes questions du travail qui préoccupent les sociétés modernes. Ils doivent croire que de telles études ont laissé en moi des traces ineffaçables, et que d'aussi sérieux intérêts me seront toujours chers.

« Dites-leur à tous que je les remercie de leur confiance ; mon cœur m'assure que j'en suis digne, et l'avenir prouvera que j'aurai su la mériter.

« Recevez, etc.,

« LOUIS-NAPOLÉON BONAPARTE. »

Le mouvement était donné, et il renversa tout dans sa marche ; en vain les gens d'esprit, les savants, les politiques, enfin tous ceux qui croient mener le monde, essayèrent de l'arrêter ; le peuple resta impassible : il écouta tout et n'en fit rien, et près de six millions d'hommes jetèrent son nom dans l'urne électorale. Si jamais la voix du peuple fut la voix de Dieu, c'est bien en cette circonstance qu'il est permis de le dire.

Plus d'une fois le paysan, pour se défendre, fit preuve de bon sens et de malice :

— Pour qui allez-vous voter, mon bonhomme ? disait un bourgeois à un paysan.

— Je ne sais pas, répondit le malin paysan, on va voir...

— Ne votez pas pour Louis-Napoléon, ajouta le Bourgeois, c'est un homme incapable.

— Ah ! c'est un homme incapable ; eh bien alors, c'est pour lui que je vais voter ; il y a bien longtemps qu'on nous dit que la machine est menée par des gens d'esprit, et ça va toujours de plus mal en plus mal ; essayons de ceux qui n'en ont pas, ça ira peut-être mieux. »

Louis-Napoléon était arrivé au pouvoir, mais sa position était difficile ; pour mieux apprécier les services qu'il a rendus au pays, jetons un coup d'œil sur les épreuves que la France venait de traverser.

Quand le danger a disparu, on oublie trop souvent qui nous en a délivrés.

L'année avait été malheureuse. La terreur avait chassé la confiance, arrêté la circulation de l'argent. Le travail manquait aux bras. Le commerce était nul. Un impôt de 45 centimes pesait sur l'agriculture ; l'argent des ouvriers avait été retenu aux caisses d'épargne, l'on avait créé des ateliers nationaux où les hommes étaient payés pour ne rien faire. Des journaux hideux s'étaient vendus publiquement : le *Père Duchêne*, le *Lampion*, le *Journal de la canaille.*

Dans les clubs, des hommes avaient fait des propositions atroces et ridicules :

— Citoyen, dit un orateur, je demande la mort de tous les aristocrates et le partage des biens... Allons chez les riches et faisons-nous justice nous-mêmes. Savez-vous comment il faut y procéder ? Y a-t-il ici un aristocrate ? voyons, qu'on me l'amène. Je ne fais que comme ça (il fait le signe d'ôter un poignard), et psitt ! et je foule sa tête sous mes pieds. On agit comme cela avec tous les aristocrates, les prêtres et tous les mauvais citoyens. Voilà ma devise.

Un autre disait :

— Citoyens, je connais un sergent qui a été puni injustement ; son capitaine l'a mis à la salle de police. Je demande donc qu'à l'instant même on le fasse mettre en liberté; quant au capitaine, je demande qu'on nous l'amène ici; nous le couperons en morceaux et chacun de nous en emportera un morceau chez soi. Voilà ma motion.

C'était le temps des orateurs de cabaret, des diplomates de carrefour, le temps où des hommes qui ne possédaient ni un sou ni une chemise, prétendaient disposer à leur gré du trône de Louis XIV et de Napoléon. Aussi le sang avait coulé à flots dans la rue... Voilà de quelles épreuves sortait la France quand Louis-Napoléon l'a pour ainsi dire recueillie dans ses bras; et quoique toujours il n'ait pu lui faire tout le bien que son cœur méditait, il lui a néanmoins redonné la prospérité et la paix. Le commerce a repris, le travail a moins manqué, la confiance est revenue. Il réprima les mauvaises passions, fit fermer les clubs, donna la liberté d'enseignement, rétablit le souverain Pontife sur son trône, eut sans cesse le bien des masses en vue; aussi, le 10 avril 1849, il écrivit à son cousin :

« Tu me connais assez pour savoir que je ne subirai jamais l'ascendant de qui que ce soit, et que je m'efforcerai sans cesse de gouverner dans l'intérêt des masses et non dans l'intérêt d'un parti... »

Il a grandement réalisé la prophétie du maréchal Bugeaud sur son lit de mort, dans la visite que le président vint lui faire :

— Je suis bien aise de vous voir, prince, lui disait-il en serrant affectueusement de ses mains mourantes celles du Président ; vous avez une grande mission à remplir. Vous sauverez la France avec l'union et le concours de tous les gens de bien. Dieu ne m'a pas jugé digne de rester ici-bas pour vous aider. Je me sens mourir.

— Tout n'est pas désespéré, lui répondit le Président, douloureusement ému et pouvant à peine dérober ses larmes ; j'ai besoin de vous pour accomplir ma tâche, et Dieu vous conservera !

Sur un signe du malade, les personnes présentes se retirèrent, et un entretien d'environ dix minutes eut lieu entre le prince et l'illustre mourant.

En sortant, le prince, plus ému encore et roulant de grosses larmes dans ses yeux, ajouta :

— Je viendrai vous revoir.

Le maréchal lui répondit :

— Vous avez d'autres devoirs à accomplir, merci ; je sens que tout est fini pour moi.

Quelques heures après, le maréchal avait cessé de vivre : il avait succombé victime du choléra.

Le terrible fléau n'effraye pas le Président de

la république. Il s'empresse d'aller visiter les hôpitaux : l'Hôtel-Dieu, le Val-de-Grâce et la Salpêtrière, ceux que l'épidémie a le plus cruellement frappés.

A l'Hôtel-Dieu, il parcourt toutes les salles occupées par les cholériques, s'arrête devant le lit de plusieurs de ces malheureux pour les consoler et les encourager ; il les interroge avec bonté sur leur position et leur promet de s'intéresser à eux ou à leurs familles. Les malades, les mourants même se dressent sur leur lit pour le remercier et le saluer. Le Président de la république félicite très-vivement le directeur, les médecins et les sœurs de charité de ce vaste établissement, pour les soins intelligents qu'ils n'ont cessé de prodiguer aux malades et pour le dévouement si méritoire dont ils ont donné tant de preuves depuis le commencement de l'épidémie.

— Vous venez, leur a-t-il dit, d'ajouter une belle page de plus à l'histoire de la science et à celle de l'humanité.

A la Salpêtrière, il parcourt également toutes les salles occupées par les cholériques, et remercie très-vivement, au nom du peuple, les employés de cet hospice pour les soins si touchants et si dévoués qu'ils ont prodigués à tant de misères, pour l'abnégation si admirable qu'ils ont montrée dans ces tristes journées, où le chiffre des victimes s'est élevé jusqu'à onze cents dans ce seul établissement.

Au Val-de-Grâce, M. le chirurgien en chef Baudens lui présente, dans une des salles de son service, le voltigeur Gruveilher, du 62ᵉ de ligne, blessé de deux coups de feu dans la journée du 13 juin, à l'une des barricades des Arts-et-Métiers. Le Président de la république prend la décoration de la Légion d'honneur d'un de ses officiers d'ordonnance et la dépose sur le lit du blessé, dont les yeux se sont aussitôt remplis de larmes d'attendrissement et de reconnaissance.

Il accorde également la décoration au caporal infirmier Boffard, qui lui est signalé par le ministre de la guerre comme ayant fait preuve, pendant toute l'épidémie, du plus remarquable dévouement.

En lui donnant cette décoration, il lui dit : « qu'il n'est pas moins glorieux d'affronter ainsi la mort sans gloire de l'hôpital, en secourant ses semblables, que la mort glorieuse du champ de bataille. »

Voilà ce que faisait le Président de la république pendant que le terrible fléau ravageait la France.

Que dire de sa charité? elle est connue de tout le monde. Quoique pourtant, suivant la prescription évangélique, sa main gauche ait souvent ignoré le bien qu'avait fait la main droite ; quoique ses revenus fussent relativement peu considérables, il répandait de larges aumônes. Un jour, un des hommes de confiance de l'Élysée exposait au prince la misère d'une famille où se trouvaient cinq enfants.

— Eh bien ! que lui faut-il ? répondit le Prince.

— Cinquante francs, je pense, Monseigneur !

— Allons donc, répliqua le Président, cinquante francs pour une famille qui a cinq enfants, mettez deux cents francs.

On sait qu'une espèce d'imbécile essaya de tirer un coup de pistolet sur le Président ; le soir même, la mère de ce malheureux écrivit au Prince pour lui demander pardon pour son fils ; en même temps elle lui exposait sa profonde misère. Sur-le-champ il lui fit expédier deux cents francs.

Cependant le Président n'était pas riche. On lui avait donné une haute position, sans lui fournir les moyens de la soutenir. L'Assemblée nationale avait été parcimonieuse à l'égard de celui qui devait représenter la France devant l'Europe. Le Président fit la demande d'une somme de douze cent mille francs pour frais de représentation ; elle lui fut refusée. Sur-le-champ une souscription fut organisée ; Louis-Napoléon, en remerciant les hommes de bonne volonté, exprima la ferme résolution de ne rien recevoir; il aima mieux se priver, restreindre ses dépenses, pâtir même... Un homme qui devait le savoir a dit que quelquefois la pièce de cinq francs était rare à l'Élysée. Du côté de la charité, comme sous beaucoup d'autres rapports, le Président de la république faisait tout le bien qu'il pouvait faire; au moins, s'il ne pouvait donner et suivre l'impulsion de sa charité, il savait payer de sa personne.

Pendant que les deux partis extrêmes de l'assemblée se réunissaient dans une alliance commune contre le Prince-Président, celui-ci ne cessait d'entrer en communication directe et intime avec les populations de la France.

Le 16 avril 1850, un bataillon du 11<sup>e</sup> léger, en passant le pont de la Basse-Chaîne, à Angers, était précipité dans le Maine par suite de la rupture du pont, et plus de deux cents soldats trouvèrent la mort dans les flots. A la première nouvelle de ce triste événement, le Prince se rend immédiatement à Angers pour s'assurer par lui-même de la situation des victimes de ce désastre, porter des consolations aux familles affligées, et récompenser les actes de dévouement qui s'étaient produits.

Il parcourt plusieurs quartiers de la ville d'Angers, le port de Ligny, et distribue lui-même des secours partout où il y a des douleurs et des misères à consoler. Il va enfin à l'hôpital Saint-Jean pour visiter les blessés du 11ᵉ léger, puis à la caserne pour passer la revue des débris du bataillon. Partout il est accueilli comme un sauveur, comme un père !

En un mot, il est partout, il se met en rapport avec les populations. A Beauvais, lors de l'inauguration de la statue de Jeanne Hachette, il prononça un discours que nous devons rapporter tout entier, parce qu'il est aussi sa propre histoire :

« Messieurs,

« *Il est encourageant de penser que, dans les dangers extrêmes, la Providence réserve souvent à un seul d'être l'instrument du salut de tous ;* et, dans certaines circonstances, elle l'a même choisi au milieu du sexe le plus faible, comme si elle voulait, par la fragilité de l'enveloppe, prouver mieux encore l'empire de l'âme sur les choses humaines, et faire voir qu'une cause ne périt pas lorsqu'elle a pour la conduire une foi ardente, un dévouement inspiré, une conviction profonde.

« Ainsi, au quinzième siècle, à peu d'années d'intervalle, deux femmes obscures, mais ani-

mées du feu sacré, Jeanne d'Arc et Jeanne Hachette, apparaissent au moment le plus désespéré pour remplir une sainte mission.

« L'une a la gloire miraculeuse de délivrer la
France du joug étranger;

« L'autre inflige la honte d'une retraite à un
prince qui, malgré l'éclat et l'étendue de sa puissance, n'était qu'un rebelle, artisan de guerre
civile.

« Et cependant, à quoi se réduit leur action ?
Elles ne firent autre chose que de montrer aux
Français le chemin de l'honneur et du devoir, et
d'y marcher à leur tête.

« De semblables exemples doivent être hono-
rés, perpétués. Aussi suis-je heureux de penser
que ce soit l'empereur Napoléon qui, en 1806,
a rétabli l'antique usage, longtemps interrompu,
de célébrer la levée du siége de Beauvais.

« C'est que, pour lui, la France n'était pas un
pays factice, né d'hier, renfermé dans les limites
étroites d'une seule époque ou d'un seul parti :
c'était la nation grande par huit cents ans de mo-
narchie, non moins grande après dix années de
révolution, travaillant à la fusion de tous les intérêts anciens et nouveaux, et adoptant toutes
les gloires, sans acception de temps ou de cause.

« Nous avons tous hérité de ces sentiments,
car je vois ici des représentants de tous les par-

tis; ils viennent avec moi rendre hommage à la vertu guerrière d'une époque, à l'héroïsme d'une femme.

« Portons un toast à la mémoire de Jeanne Hachette ! »

Sans cesse, dans ses discours, il fit appel à la conciliation : « Soyons amis, dit-il à Nantes, oublions toute cause de discussion, soyons dévoués à l'ordre et aux grands intérêts de notre pays, et bientôt nous serons encore la grande nation par les arts, par l'industrie, par le commerce. »

Cet appel, les partis ne voulurent pas l'entendre...

# CHAPITRE VI.

## Le coup d'État.

Cependant la position du Président n'était pas tenable ; la Chambre lui liait les mains ; de sorte qu'il ne pouvait ni faire le bien, ni gouverner. On parlait même de le faire enfermer dans le fort de Vincennes. Tout languissait, l'industrie, le commerce, l'agriculture, etc. On attendait avec épouvante le mois de mai 1852. On entrevoyait de grands malheurs... la guerre civile, le meurtre, le sang, la ruine !... et pendant ce temps-là la Chambre se querelle, s'agite, intrigue, perd son temps et néanmoins empoche les 25 fr. quotidiens. Le peuple en était réduit à dire non : « *Oh ! si Louis-Napoléon savait !* » mais : « *Oh ! si Louis-Napoléon pouvait !* »

Quelque temps auparavant, un journal, *le Pouvoir*, avait publié un article qui était la vraie expression de la situation, pour lequel l'Assemblée le condamna à 5 000 francs d'amende ; cela devait être, on lui disait tant de vérités !

« C'est un fait public et éclatant qu'il y a beaucoup plus d'ordre et de calme dans le pays que dans l'Assemblée, et que si l'agitation, la lutte, les ambitions sont entretenues quelque part, c'est dans le sanctuaire législatif. Quelle est la province, quelle est la ville où l'on se menace avec autant de vivacité et de fureur qu'au palais Bourbon ? Il n'y en a pas, et s'il pouvait y en avoir, on les mettrait pour beaucoup moins en état de siége.

« Croit-on qu'une nation puisse impunément avoir et entretenir longtemps un foyer de discordes civiles ? Nous ne le pensons pas, et l'histoire de ces soixante dernières années est là sous nos yeux pour nous enseigner que le feu a toujours été mis au pays par les assemblées délibérantes.

« Ce long et douloureux enseignement commence à porter ses fruits. La France, fatiguée de révolutions et de misères gratuites, demande un peu de repos et de sécurité. Malheur désormais aux assemblées qui méconnaîtront cette nécessité, et qui entretiendront le feu au lieu de l'éteindre !

« On avait cru que l'Assemblée constituante

avait atteint, en tombant, la dernière limite du discrédit où un corps délibérant puisse arriver. L'Assemblée actuelle semble destinée à franchir cette limite. C'est une grave et solennelle épreuve que subit en elle le régime représentatif livré à lui-même, et dépourvu d'une haute et ferme pensée en état de le diriger, de le contenir et de lui résister. Tout semble annoncer sa fin prochaine, car ses actes sont autant de démissions. »

La patience du Prince était à bout. Or, un beau jour (2 décembre 1851) il fit fermer la Chambre et mit les députés en vacances, se réservant de soumettre sa conduite à la nation. Ce qui voulait leur dire ceci : « Mes amis, la France souffre et vous passez votre temps à parler, vous ne faites pas de bien et vous ne permettez pas aux autres d'en faire. Cependant vous êtes bien payés; permettez, il faut que je demande au peuple français, qui est votre maître à vous et à moi, s'il est d'avis que cet abus se prolonge, ou si j'ai raison de le faire cesser. » Et le peuple français lui a répondu, par la grande et magnifique voix de sept millions cinq cent mille hommes : « C'est bien, continuez... »

Voilà l'histoire du coup d'État.

Je sais bien qu'à cette occasion, quelques-uns ont parlé d'illégalité, de violation de la loi. La loi, la première loi, c'est de sauver la nation. Un homme voit une maison en flamme; la famille qui l'habite repose tranquille, ignorant le danger. Cet homme brise la porte à coups de hache, y pénètre, et revient en sauvant cette famille au péril de sa vie; de bonne foi, est-ce un malfaiteur que cet homme-là? Pourtant il y a une loi qui défend l'effraction. Non, ce n'est pas un malfaiteur, et la foule le salue de ses acclamations; sa conduite, elle l'appelle du dévouement, de l'héroïsme. — Le feu était aux quatre coins de la France, l'incendie avait même gagné l'Assemblée nationale, nous marchions grand train vers de nouvelles journées de juin, si ce n'est vers quelque chose de plus affreux encore; l'Empereur s'est lancé au milieu de cet incendie pour lui arracher la France; aussi, de tous côtés, la nation l'a salué de ses acclamations. Sans doute, chez quelques-uns, depuis que le danger a disparu, la reconnaissance s'en est allée, mais elle est restée vivante chez la masse de la nation, et toujours pour elle Napoléon III sera le sauveur de la France.

Du reste, comme l'a dit le Président lui-même, il n'était sorti de la légalité que pour rentrer dans le droit...

Le coup d'État ne se fit pas sans résistance,

on le comprend ; mais l'armée se montra héroïque. Le 2 décembre, à dix heures du matin, le Président était à cheval et parcourait les rangs de nos braves soldats, aux cris cent mille fois répétés de : « Vive Napoléon ! Vive M. le Président ! » Il réalisait cette parole qu'il avait prononcée ailleurs : « Je ne vous dirai pas : « Mar-« chez, je vous suis », mais je vous dirai : « Je « marche, suivez-moi. »

Il est vrai, il y eut du sang de versé, le sang français coula sur le pavé des rues, c'est toujours un affreux malheur, mais il y en eut bien moins que certains hommes n'ont voulu dire. Le peuple, le vrai peuple, les braves travailleurs ne prirent aucune part à la lutte ; au contraire, chacun se réjouissait de ce qui était arrivé, et applaudissait au courage et à la fermeté du Président de la république. On dit même que le célèbre Lagrange, voyant arriver à Mazas le général Le Flô, qui avait revêtu son uniforme, lui adressa en riant cette parole :

— Nous voulions le mettre dedans, c'est lui qui nous y a mis. Ma foi, mon général, c'est bien joué.

La France, en quelques jours, s'était débarrassée des terreurs qui l'accablaient. La paix était faite, la confiance était revenue, le pas du mois de mai était franchi, et c'était Louis-

Napoléon qui avait fait tout cela. Il était temps : sans lui, que fussions-nous devenus? On a pu en deviner quelque chose par ce qui s'est passé dans plusieurs départements. A Bédarieux, les émeutiers eurent le courage de faire un festin, ou plutôt une infernale orgie, auprès de quatre cadavres qu'ils venaient de tuer, sans parler des actes de sauvagerie qui accompagnèrent ces meurtres.

A Clamecy, le directeur de l'école mutuelle est tué, un avocat est assassiné et un enfant de treize ans est massacré. Je m'arrête, je ne veux pas parler du reste : ah! puissé-je plutôt effacer tout cela de mon sang des pages de notre histoire! Nous sommes garantis, la paix est faite, le calme est rétabli, la patrie est sauvée.

Aussi, le vœu de la France connu, Louis-Napoléon alla remercier Dieu de la force et de la prudence qu'il lui avait prêtées, un solennel *Te Deum* fut chanté le 1ᵉʳ janvier à la métropole où il édifia tous les spectateurs par sa tenue digne et pieuse. On voyait sur sa figure, dit un témoin oculaire, qu'il était convaincu que Dieu s'était servi de lui comme d'un instrument pour sauver la France.

Du reste, tout est expliqué, justifié, par les deux documents remarquables qui suivent, et surtout par près de huit millions de voix données par la nation, qui en définitive est bien libre de se gouverner comme elle l'entend. Un simple particulier, le premier venu, a bien ce droit, pourquoi la France ne l'aurait-elle pas ?

Voici la proclamation que Louis-Napoléon adressait à l'armée le 2 décembre :

« Soldats,

« Soyez fiers de votre mission ; vous sauverez la patrie, car je compte sur vous, non pour violer les lois, mais pour faire respecter la première loi du pays, la souveraineté nationale dont je suis le légitime représentant.

« Depuis longtemps vous souffriez comme moi des obstacles qui s'opposaient et au bien que je voulais vous faire et aux démonstrations de votre sympathie en ma faveur. Ces obstacles sont brisés. L'Assemblée a cessé d'attenter à l'autorité que je tiens de la nation entière ; elle a cessé d'exister.

« Je fais un loyal appel au peuple et à l'armée, et je leur dis : « Ou donnez-moi les moyens « d'assurer votre prospérité, ou choisissez un « autre à ma place. »

« En 1830 comme en 1848 on vous a traités en vaincus. Après avoir flétri votre désintéressement héroïque, on a dédaigné de consulter vos sympathies et vos vœux, et cependant vous êtes l'élite de la nation. Aujourd'hui, en ce moment solennel, je veux que l'armée fasse entendre sa voix.

« Votez donc librement comme citoyens; mais, comme soldats, n'oubliez pas que l'obéissance passive aux ordres du chef du gouvernement est le devoir rigoureux de l'armée, depuis le général jusqu'au soldat. C'est à moi, responsable de mes actions devant le peuple et devant la postérité, de prendre les mesures qui me semblent indispensables pour le bien public.

« Quant à vous, restez inébranlables dans les règles de la discipline et de l'honneur. Aidez par votre attitude imposante le pays à manifester sa volonté dans le calme et la réflexion. Soyez prêts à réprimer toute tentative contre le libre exercice de la souveraineté du peuple.

« Soldats, je ne vous parle pas des souvenirs que mon nom rappelle. Ils sont gravés dans vos cœurs. Nous sommes unis par des liens indissolubles. Votre histoire est la mienne. Il y a entre nous, dans le passé, communauté de gloire et de malheur, il y aura dans l'avenir communauté de sentiments et de résolutions pour le repos et la grandeur de la France.

« Fait au palais de l'Élysée, le 2 décembre 1851.        « Louis-Napoléon Bonaparte. »

Le résultat de ce concours de la France qui s'unissait dans une seule âme, dans un seul esprit, fut :

| | |
|---|---|
| *Oui.* . . . . . | 7 439 216 |
| *Non.* . . . . . | 640 737 |

Le 31 décembre, à huit heures du soir, la commission consultative, composée d'anciens représentants, se transporta à l'Élysée pour remettre au Prince l'extrait du procès-verbal constatant le recensement général de ce vote populaire.

Au discours que lui adressa M. Baroche, président de la commission, le Prince fit la réponse suivante :

« Messieurs,

« La France a répondu à l'appel loyal que je lui avais fait. Elle a compris que je n'étais sorti de la légalité que pour rentrer dans le droit. Plus de sept millions de suffrages viennent de m'absoudre en justifiant un acte qui n'avait d'autre but que d'épargner à la France et peut-être à l'Europe des années de trouble et de malheur. Je vous remercie d'avoir constaté officiellement combien cette manifestation était nationale et spontanée.

« Si je me félicite de cette immense adhésion, ce n'est pas par orgueil, mais parce qu'elle me donne la force de parler et d'agir ainsi qu'il convient au chef d'une grande nation comme la nôtre. Je comprends toute la grandeur de ma mission nouvelle, je ne m'abuse pas sur ses graves difficultés. Mais avec un cœur droit, avec le concours de tous les hommes de bien qui, ainsi que vous, m'éclaireront de leurs lumières et me soutiendront de leur patriotisme, avec le dévouement éprouvé de notre vaillante armée, enfin avec cette protection que demain je prierai solennellement le ciel de m'accorder encore, j'espère me rendre digne de la confiance que le peuple continue de mettre en moi. J'espère assurer les destinées de la France en fondant des institutions qui répondent à la fois aux instincts démocratiques de la nation et à ce désir exprimé universellement d'avoir désormais un pouvoir fort et respecté.

« En effet, donner satisfaction aux exigences du moment en créant un système qui reconstitue l'autorité sans blesser l'égalité, sans fermer aucune voie d'amélioration, c'est jeter les véritables bases du seul édifice capable de supporter plus tard une liberté sage et bienfaisante. »

———

# CHAPITRE VII.

## Seconde Présidence.

Le Président de la république avait désormais complète liberté, le peuple Français lui avait donné une pleine confiance. Il pouvait faire le bien. Aussi, il commença, dès lors, de donner une libre carrière aux bonnes pensées de son intelligence et de son cœur....

Il dota lui-même le peuple français de cette constitution que nous voyons fonctionner aujourd'hui, et, après avoir arraché la France à l'anarchie, lui a donné une si grande place en Europe.

Au sommet de l'ordre politique apparaît d'abord la création du ministère d'État, puis la promulgation des lois organiques, l'institution du Sénat, du Corps législatif, du Conseil d'État; la nouvelle loi sur la presse, sur le conseil électif des communes, des arrondissements et des départements, tels sont les principaux éléments du nouvel ordre politique créé par le Prince, qui a pour base le suffrage universel d'un côté, et le principe d'autorité de l'autre.

Mais les vues du Président se portèrent surtout vers l'amélioration des masses, vers le bien de tous.

On se figure volontiers de loin que l'Empereur ne s'occupe que des grandes questions politiques, d'équilibre européen, ou de congrès, par exemple....

Nullement; l'Empereur Napoléon III est au courant de tout, jusque dans les détails, et il s'occupe de tout et de tous, même des plus petits de ses sujets. Il quitte sans peine les plus hautes questions politiques pour songer aux plus humbles intérêts; il songe aux petits enfants, aux orphelins, aux pauvres, aux classes ouvrières, aux malades, aux vieillards et même aux morts, on l'a bien vu par l'*Œuvre des dernières prières* dont nous allons parler plus loin. On dirait vraiment une mère qui s'occupe avec sollicitude de ses enfants. Il parle si bien de ces différentes classes et il aime tant à en entendre parler! une histoire de pauvre homme l'intéresse vivement. Nnl ne connaît mieux le peuple français que l'Empereur. Il sait tout, il sait ses travaux, ses ses souffrances, ses vertus et ses faiblesses aussi. On serait parfois tenté, en l'écoutant, si on n'était retenu par le respect, de lui demander où il a pu apprendre à le si bien connaître. On peut le dire, il sait par cœur son peuple français; inutile d'ajouter qu'il l'aime; cela doit être. Notre peuple, malgré ses faiblesses, a de si généreux instincts! Comment ne pas l'aimer ou du moins le plaindre; parfois il souffre tant! L'Empereur s'occupe donc des classes populaires avec son cœur; la tête toute seule ne songerait jamais à tant de choses.

L'Empereur est au courant de tout. Il parle de travail, de salaires, d'économies, de logements des classes ouvrières, d'assistance, comme un savant économiste ou comme un homme brisé aux œuvres de charité.

Il parle production, chevaux, fourrages, bétail, engrais, chemins vicinaux, comme un savant agriculteur et comme un éleveur renommé. Il parle rations de pain, de viande, de biscuit, de foin, d'avoine, de fournitures militaires, comme un vieux général. Il parle constructions, embellissements, comme personne. Tout le monde connaît les magnifiques transformations de Paris, et l'on sait que c'est lui qui a inspiré, dirigé même les travaux des bois de Boulogne et de Vincennes : deux monuments capables à eux seuls de laisser un souvenir populaire d'un règne ordinaire. On sait aussi que c'est lui qui a doté la capitale de ces belles places ombragées que l'on appelle *squares*, où le pauvre monde et surtout les petits enfants sont si heureux de venir respirer le bon air pur et frais ; c'est pourtant à l'Empereur que Paris doit ces bienfaits ; c'est lui qui y a songé. Sans doute, dans cette population parisienne il y a des oublis et peut-être des ingratitudes, mais l'immense majorité sait bon gré à son Souverain d'avoir donné de si beaux jardins à ceux qui n'en ont pas.

En un mot, on dirait que le cœur de l'Empereur est un foyer de bonnes pensées. En son temps, il en réalisa une, puis deux, et ainsi de suite. Telles sont entre autres l'*Œuvre des dernières prières*, l'*Œuvre de l'assistance judiciaire*, les *Associations de secours mutuels*, l'*Orphelinat du Prince impérial*, la *Caisse des retraites pour les vieillards, pour l'armée*, l'*Œuvre du prêt au travail du Prince impérial*. Nous raconterons aussi chacune de ces œuvres en son temps.

Commençons dès maintenant par une œuvre touchante que j'ai déjà indiquée, je veux parler de l'*Œuvre des dernières prières*.

A Paris, les cimetières sont hors des anciens murs et fort éloignés des églises, les prêtres ne pourraient donc faire un si long trajet à pied ; du reste, le temps leur manquerait. Aussi, jusqu'alors, les corps des défunts des classes non riches étaient portés au cimetière et déposés dans la tombe, sans prêtre, sans prières, sans aucune bénédiction de l'Église. Les riches seuls qui avaient moyen de payer des voitures jouissaient de ce privilége. Cette absence du représentant de la religion rendait les inhumations plus tristes encore et affligeait la population de Paris, si pleine de respect pour les morts! Et elle glaçait l'âme des habitants de la province, non accoutumés à cet isolement et à ce silence, lorsqu'ils venaient conduire un des leurs à la tombe; il leur semblait que leur cher défunt était enterré comme un maudit, comme un homme qui aurait démérité de la religion et de Dieu....

Le Président de la république, touché de cette absence du représentant de la religion, là où l'on en aurait tant besoin, s'entendit avec l'autorité ecclésiastique diocésaine, et, de concert, on établit des aumôniers des *dernières prières;* ce sont des prêtres qui n'ont d'autre ministère à remplir que d'enterrer les morts; ils sont deux par cimetière. Quand un cercueil arrive, un aumônier va le recevoir à la porte, le conduit à sa dernière demeure en l'accompagnant des prières de l'Église, et au nom de la religion il bénit sa tombe. Voilà du moins qui est chrétien. Un traitement leur est alloué, ils ont leur logement auprès du cimetière; on peut dire qu'ils sont les gardiens,

les prêtres des morts. Chaque jour, dans leur
petite chapelle, ils disent la messe et prient pour
leur immense famille de défunts; or, c'est une
grande charité que d'avoir songé à donner un
peu de consolation à tous ces cœurs désolés qui
viennent chaque jour accompagner là quelque
hôte tombé de la grande cité !

Voici encore une autre institution de la même
nature; c'est toujours en faveur du plus grand
nombre, des humbles et des petits.

Sans doute, dans une armée, ce sont les chefs
qui sont la tête qui dirige et qui commande;
mais les soldats sont les bras vigoureux qui
frappent, qui repoussent, qui triomphent; et cependant, il n'y avait pas de récompense spéciale
pour tant de valeureuses actions. Sans doute,
c'est beau pour un vieux militaire de pouvoir
diré : « J'étais des vainqueurs, j'étais à Iéna, à
Malakoff ou à Solferino! » mais il aimerait mieux
encore un petit signe qui fût la preuve qu'il s'y
est conduit en brave; la croix de la Légion d'honneur, qui est l'espérance, le rêve de tout militaire, le prouverait sans doute victorieusement;
mais on ne peut la donner à beaucoup, il faut
lui conserver son prestige. Donc, le 12 février
1852, Louis-Napoléon, président de la république, créa la médaille militaire; c'est un ache-
minement vers la croix de la Légion d'honneur,

c'est un titre de gloire de la porter ; l'Empereur lui-même la porte souvent, et c'est quelquefois sa seule décoration ; de plus, une pension de 100 francs par an y est attachée. Du reste, laissons le Président lui-même nous expliquer, à sa façon si claire et si limpide, ce que c'est que la médaille militaire. Or, voici ce qu'il disait, le 24 mars, jour où il fit à l'armée la première distribution de cette récompense. Ce n'était que le commencement de ce qu'il devait faire pour le soldat, en particulier, et pour toute l'armée :

« Soldats,

« En vous donnant pour la première fois la médaille, je tiens à vous faire connaître le but pour lequel je l'ai instituée. Quand on est témoin, comme moi, de tout ce qu'il y a de dévouement, d'abnégation et de patriotisme dans les rangs de l'armée, on déplore souvent que le gouvernement ait si peu de moyens de reconnaître de si grandes épreuves et de si grands sacrifices.

« L'admirable institution de la Légion d'honneur perdrait de son prestige si elle n'était renfermée dans de certaines limites. Cependant, combien de fois n'ai-je pas regretté de voir des soldats et des sous-officiers rentrer dans leurs foyers sans récompense, quoique par la durée de leur service, par leurs blessures, par des actions dignes d'éloges, ils eussent mérité un témoignage de satisfaction de la patrie! C'est pour la leur accorder que j'ai institué cette médaille.

« Elle pourra être donnée à ceux qui se seront rengagés après s'être bien conduits pendant le premier congé; à ceux qui auront fait quatre campagnes, ou bien à ceux qui auront été blessés ou cités à l'ordre de l'armée. Elle leur assurera 100 francs de rente viagère; c'est peu certainement, mais ce qui est beaucoup, c'est le ruban que vous porterez sur la poitrine et qui dira à vos camarades, à vos familles, à vos concitoyens, que celui qui le porte est un brave.

« Cette médaille ne vous empêchera pas de prétendre à la croix de la Légion d'honneur si vous en êtes jugés dignes; au contraire, elle sera comme un premier degré pour l'obtenir, puisqu'elle vous signalera d'avance à l'attention de vos chefs. Vous ne cumulerez pas les deux traitements, mais vous pourrez porter les deux décorations. De même, si un sous-officier, caporal ou soldat, auquel aurait été décernée la croix de la Légion d'honneur, vient à se signaler encore, il pourra être également décoré de la médaille.

« Soldats, cette distinction est bien peu de chose, je le répète, au prix des services immenses qu'ici et en Afrique vous rendez à la France; mais recevez-la comme un encouragement à maintenir intact cet esprit militaire qui vous honore; portez-la comme une preuve de ma sollicitude pour vos intérêts, de mon amour pour cette grande famille militaire dont je m'enorgueillis d'être le chef parce que vous en êtesl e glorieux enfants (1). »

L'institution de la Médaille militaire ne tarda pas à être suivie d'un décret organique du 16 mars qui fit succéder l'unité des statuts aux diverses ordonnances ou décrets contradictoires qui régissaient l'ordre impérial de la Légion d'honneur.

En même temps que le Prince-président s'occupait avec sollicitude de l'intérêt de l'ouvrier et du soldat, il ne perdait pas de vue celui de la religion. L'ancienne église de Sainte-Geneviève (le Panthéon) était rendue au culte catholique, le repos du dimanche était ordonné pour les travaux publics, et les aumôniers *des dernières*

---

(1) La médaille militaire est en or. Elle est enchâssée dans une grande couronne de chêne, en argent, surmontée d'un aigle d'or aux ailes déployées; sur l'un des côtés de la médaille est l'effigie du chef de l'État avec ces mots : *Louis-Napoléon*, gravés en relief. Sur le champ du revers on lit : *Valeur et Discipline*. Cette décoration est suspendue par un ruban jaune d'or avec liséré vert.

*prières* étaient appelés à bénir la tombe du pauvre.

Enfin, de grands travaux publics, en multipliant, non-seulement à Paris, mais sur tous les points de la France, les efforts de l'industrie, vinrent donner à nos voies ferrées et à notre navigation un immense développement. Les lignes électriques, rayonnant de tous côtés et se reliant à l'étranger, complétèrent ces vastes entreprises.

L'agriculture eut aussi sa large part. Le crédit foncier fut organisé, et des chambres consultatives furent créées dans chaque arrondissement.

Pour couronner ce faisceau de grandes mesures, le décret du 13 mars prescrivit l'achèvement du Louvre.

L'activité dont fit preuve Louis-Napoléon, durant les derniers jours qui précédèrent l'ouverture du Corps législatif et du Sénat, tient presque du prodige. Et, chose remarquable, chacun de ces décrets était un écho de l'opinion.

Il y avait sagesse à ne pas attendre que l'action nécessairement toujours plus lente du Corps législatif vînt, d'accord avec le gouvernement, ramener l'ordre dans la société encore sous le coup d'une émotion profonde et y reprendre, par des mesures sagement concertées, des bienfaits longtemps attendus.

A l'ouverture des Chambres, le Prince termine son discours par ces paroles qui révèlent sa bonté de cœur et la puissance dont il se sent investi :

« Je veux inaugurer de nouveau une ère d'oubli et de conciliation, et j'appelle sans distinction tous ceux qui voudront concourir avec moi au bien public.

«La Providence, qui, jusqu'ici, a si visiblement béni nos efforts, ne voudra pas laisser son œuvre inachevée. Elle nous animera tous de ses inspirations et nous donnera le courage et la force nécessaires pour consolider un ordre de choses qui assurera le bonheur de notre patrie et le repos de l'Europe. »

Désormais Louis-Napoléon pouvait satisfaire au vœu le plus cher de son cœur et se montrer en même temps, comme chef d'un grand peuple, à la hauteur de la mission qu'il tenait de la Providence pour guérir les maux de la société, juste au moment où ces derniers semblaient résister à tous les remèdes et défier tous les calculs de la sagesse humaine. Un sénatus-consulte du 2 avril avait porté la dotation du Président de la république à 12 millions de francs.

Bientôt il songea à ceux qui souffraient, mais

il n'oubliait aucun des grands intérêts de la France, surtout de l'agriculture.

Au cœur de la France, une étendue considérable de territoire offrait le triste et misérable spectacle de steppes déserts, encadrés au milieu des pays fertiles qui les environnaient. Cette espèce de désert s'appelait la Sologne. Beaucoup d'hommes distingués et clairvoyants avaient été frappés de cet état de choses humiliant pour la France, sans que néanmoins aucun gouvernement eût encore songé à y mettre un terme. La presse, occupée ailleurs et presque uniquement vouée à la discussion des seules questions qui pouvaient conduire à la Chambre ou aux emplois publics, avait entre autres négligé cette question importante.

Le 21 avril, le Prince-Président part avec la ferme résolution de prendre toutes les mesures en son pouvoir pour apporter un remède efficace à ces misères séculaires. Louis Napoléon cherche en vain à garder l'incognito, les bienfaits qu'il répand à pleines mains le trahissent, et pendant tout son trajet ce ne sont qu'hommages rendus à sa personne et bénédictions pour le présent et l'avenir (1).

Cette contrée, située entre Orléans, Bourges

____

(1) *Histoire de Napoléon III* par M. Albert Mansefelde.

et Blois, était comme une sorte de honte pour la France; elle était certainement une source de misère pour ses pauvres habitants. Le Président, après avoir tout examiné, distribue de l'argent, de bons conseils et de bons exemples : des canaux sont creusés, des routes sont tracées; lui-même acquiert deux vastes domaines, qu'il a depuis donnés à la couronne : Lamotte-Beuvron et La Grellière. Le pays se transforme de jour en jour, et l'on voit les plus belles récoltes remplacer la bruyère ou des touffes d'un bois chétif. La santé et l'aisance remplacent chez les habitants la fièvre et la misère.

Cependant le prince Napoléon songe à tout; il se rappelle ces aigles impériales qui tant de fois ont guidé nos soldats à la victoire; il veut les redonner à l'armée, mais avant il faut qu'elles soient bénites par la religion.

Le 10 mai 1862 eut lieu, au Champ de Mars, une de ces solennités magnifiques qui laissent un éternel souvenir dans la mémoire des peuples. Un décret avait ordonné que l'aigle fût replacée sur les drapeaux; la remise de ces nouveaux étendards se fit ce jour-là.

Il nous serait impossible de rendre dignement la grandeur de cette scène imposante, disent les auteurs de l'*Histoire de Napoléon III*. L'armée était représentée par 60.000 hommes de la garnison de Paris et par des députations de tous les régiments. C'était quelque chose d'éblouissant que cet amas de cuirasses, de casques, de baïonnettes, de sabres reluisant au soleil, que ces panaches, ces aigrettes et ces banderoles flottantes. Ajoutez à cela les roulements de ces mille tambours, la voix tonnante du canon qui se faisait entendre par intervalles, les fanfares éclatantes des trompettes et des clairons, et vous n'aurez qu'une bien faible idée de ce magnifique spectacle.

Un autel tout resplendissant d'or, aux proportions monumentales, s'élevait au milieu de cet immense Champ de Mars, où arrivait, à onze heures et demie, Mgr l'archevêque de Paris, la mitre en tête, la crosse à la main, accompagné de ses vicaires généraux et de plus de mille prêtres.

A midi le canon annonce le départ des Tuileries du Président: il est entouré du plus brillant état-major...

Louis-Napoléon passe au galop une revue rapide des forces militaires échelonnées dans cet immense espace, puis descend de cheval au pied des degrés de l'estrade où la distribution des drapeaux doit avoir lieu, et monte ensuite les marches de la tribune préparée pour le recevoir. Alors commence la cérémonie. Chaque chef de corps vient successivement recevoir le drapeau qui lui est destiné.

La distribution faite, Louis-Napoléon prononce d'une voix vibrante un discours dont voici les dernières paroles :

« Soldats !

« Reprenez donc ces aigles, non comme une menace contre les étrangers, mais comme le symbole de notre indépendance, comme le souvenir d'une époque héroïque, comme le signe de noblesse de chaque régiment.

« Reprenez ces aigles qui ont si souvent conduit nos pères à la victoire, et jurez de mourir, s'il le faut, pour les défendre. »

Aussitôt que le Prince a cessé de parler, une musique sacrée, qui pénètre les âmes d'une religieuse émotion, se fait entendre, et tous les chefs de corps, tenant à la main les drapeaux qu'ils viennent de recevoir, environnent l'autel où Mgr l'archevêque de Paris va célébrer le service divin.

La messe a commencé, puis tout à coup, le canon retentit : c'est le moment de l'*Élévation ;* il se passe alors quelque chose de vraiment saisissant; les tambours, les trompettes résonnent à la fois, et par un mouvement unanime, avec une admirable précision, 60 000 hommes présentent en même temps les armes. Au même instant, les trois cent mille curieux groupés, soit en dehors, soit en dedans de l'enceinte du Champ de Mars, dans les maisons, sur les tertres, dans les tribunes, découvrent simultanément leurs têtes, et tous les fronts se courbent pieusement. La messe terminée, le canon retentit de nouveau, le prélat commence la bénédiction des aigles, puis il prononce un discours dont voici la péroraison :

« La paix est le dessein de Dieu, c'est le but vers lequel marchent les sociétés humaines, quand elles suivent dans leur cours régulier les principes de la justice et les inspirations d'en haut. La guerre n'est légitime qu'à la condition de conquérir et d'assurer la paix. Les armées sont dans la main de Dieu comme de puissants instruments de pacification et d'ordre public.

« Le droit a besoin de la force pour se faire respecter ici-bas; mais, à son tour, la force a besoin du droit pour demeurer elle-même dans l'ordre providentiel. La paix est donc toujours le but; la guerre, quelquefois le moyen, moyen terrible, mais nécessaire, hélas! par l'effet des passions qui agitent le monde. »

Ce discours fut suivi du défilé des troupes, lequel vint clore la cérémonie.

Le 18 juillet, à l'inauguration du chemin de fer de Strasbourg, comme au 10 mai, la religion eut sa place réservée. Elle l'eut aussi au 15 août. Ce jour-là fut, en outre, témoin d'une fête splendide que le Prince donna aux dames de la Halle de Paris. On avait converti le marché des Innocents en une immense salle de bal où trois cents lustres supportaient des milliers de bougies, où la belle fontaine de Jean Goujon épanchait l'eau de toutes parts. Cette salle improvisée avait été si habilement disposée que plus de 30 000 personnes purent y circuler et y danser à l'aise jusqu'à cinq heures du matin.

Le Président songeait donc à tout. Nul mérite ne lui échappait, si humble qu'il fût et si grandes précautions qu'il prît pour se cacher.

Il y avait à Paris une bonne et sainte femme, dévouée aux pauvres et aux malades, depuis plus de quarante ans, dans le plus misérable quartier, le faubourg Saint-Marceau. C'était une sœur de charité, elle s'appelait la sœur Rosalie. Tout le monde la connaissait, et tout le monde l'aimait. Sa vie était admirable et sa parole respectée ; elle était partout, même dans les émeutes où elle apparaissait comme un ange de paix pour calmer les combattants.

Dans les terribles journées de juin 1848, un capitaine de la garde mobile, fait prisonnier par les insurgés, fut conduit dans la cour des sœurs du 12ᵉ arrondissement pour être fusillé, lorsque la sœur Rosalie se jeta résolûment en travers des fusils.

— Arrêtez! s'écria-t-elle, c'est ici la maison de Dieu, un crime la souillerait; la mort de cet homme vous porterait malheur...

— Vous avez raison, ma sœur, vous avez été bonne pour nous; nous ne voulons pas vous faire de peine. Nous allons amener le prisonnier et le fusiller dans la rue, vous ne le verrez pas.

— Non, mes amis; cet homme m'appartient, il ne doit pas sortir d'ici. Au nom des services que nous vous avons rendus, au nom de vos femmes et de vos enfants, je le réclame. Qu'il soit notre prisonnier!

Pendant deux heures, la courageuse et noble sœur lutta, sans faiblir un instant, contre les insurgés qu'elle ne pouvait convaincre, empêchant le crime par sa présence et sa fermeté, lorsqu'une vive fusillade lui vint en aide comme un argument suprême. La supérieure profita du premier moment de trouble et d'hésitation pour porter le pauvre officier dans la pharmacie, dont elle ferma la porte, et, l'ayant déguisé à la hâte, elle parvint à le dérober à ses meurtriers.

Eh bien, le Prince-Président lui envoya la croix de la Légion d'honneur, pour tant de services rendus au pauvre monde de ce populeux quartier; mais, comme si ce n'eût pas encore été assez, c'est le ministre de la guerre, lui-même, le général Saint-Arnaud, de si glorieuse mémoire, qui se chargea d'aller porter la décoration, avec une bonne aumône, à cette mère des ouvriers et des pauvres.

Cependant beaucoup de voix autour du prince et dans toute la France réclamaient un empire à la place d'une république, mot qui rappelle de bien tristes souvenirs en France. Avant de se rendre à ces vœux, Louis-Napoléon voulut voir par lui-même et étudier les dispositions de la nation. Il entreprit son grand voyage du midi de la France, au mois de septembre 1862. Ce fut un vrai triomphe continuel. Les populations accouraient, pour le voir, de vingt, trente, quarante lieues à la ronde. Faute de place dans les maisons ou dans les hôtels, elles bivouaquaient sur les places publiques. Et il ne s'échappait de cette foule immense qu'une seule acclamation, comme si dans toutes ces poitrines avait battu un seul et même cœur : *L'Empire! l'Empire! Il nous faut un empereur; vive l'Empereur!*

Son voyage ne fut qu'une longue acclamation. Il faut dire que le Prince paya largement de sa personne, par sa bonté, ses bienfaits, sa paternelle sollicitude pour tous ceux qui souffraient, et aussi par sa belle et éloquente parole.

A Marseille, le Prince a profondément remué les âmes, lorsque, après avoir posé la première pierre d'une église, il fit entendre ces magnifiques paroles :

« Lorsque vous irez dans ce temple appeler la protection du Ciel sur les têtes qui vous sont chères, sur les entreprises que vous avez commencées, rappelez-vous celui qui a posé la première pierre de cet édifice, et croyez que, s'identifiant à l'avenir de cette grande cité, il entre par la pensée dans vos prières et dans vos espérances. »

A Toulon, après une longue visite faite au fort Napoléon, situé dans la mer, le soleil s'était couché, la soirée était fraîche, les personnes qui entouraient le Prince cherchaient à le garantir du froid.

Lui, pour se préserver, trouva aussitôt un autre moyen. Il prit la place de l'un des rameurs, et se mit à ramer comme le plus aucien des matelots, laissant ces braves gens dans l'enthousiasme de sa noble simplicité et charmés de son adresse.

Mais ce qui produisit plus d'émotion, ce fut le discours de Bordeaux. C'est peut-être le plus beau discours que jamais prince ait prononcé; ce fut un événement, et, comme c'est l'abrégé de tout le bien qu'il se propose de faire, il doit être rapporté tout entier.

« L'invitation de la chambre du commerce de Bordeaux, que j'ai acceptée avec empressement, me fournit l'occasion de remercier votre grande cité de son accueil si cordial, de son hospitalité si pleine de magnificence, et je suis bien aise aussi, vers la fin de mon voyage, de vous faire part des impressions qu'il m'a laissées.

« Le but de mon voyage, vous le savez, était de connaître par moi-même nos belles provinces, d'approfondir leurs besions. Il a toutefois donné lieu à un résultat beaucoup plus important.

« En effet, je le dis avec une franchise aussi éloignée de l'orgueil que d'une fausse modestie : jamais peuple n'a témoigné d'une manière plus directe, plus spontanée, plus unanime, la volonté de s'affranchir des préoccupations de l'avenir, en consolidant dans la même main le pouvoir qui lui est sympathique. C'est qu'il connaît, à cette heure, et les trompeuses espérances dont on le berçait, et les dangers dont il était menacé.

« Il sait qu'en 1852, la société courait à sa perte, parce que chaque parti se consolait d'avance du naufrage général par l'espoir de planter son drapeau sur les débris qui pourraient surnager. Il me sait gré d'avoir sauvé le vaisseau en arborant seulement le drapeau de la France.

« Désabusé des absurdes théories, le peuple a acquis la conviction que ces réformateurs prétendus n'étaient que des rêveurs, car il y avait toujours disproportion, inconséquence entre leurs moyens et les résultats promis.

« Aujourd'hui la nation m'entoure de ses sympathies, parce que je ne suis pas de la famille des idéologues. Pour faire le bien du pays, il n'est pas besoin d'appliquer de nouveau systèmes, mais de donner, avant tout, confiance dans le présent, sécurité dans l'avenir.

« Voilà pourquoi la France semble revenir à l'Empire.

« Il est néanmoins une crainte à laquelle je dois répondre. Par esprit de défiance, certaines personnes se disent : L'Empire, c'est la guerre ! Moi je dis : L'Empire, c'est la paix ! C'est la paix, car la France le désire, et lorsque la France est satisfaite, le monde est tranquille.

« La gloire se lègue bien à titre d'héritage, mais non la guerre. Est-ce que les princes qui s'honoraient justement d'être les petits-fils de Louis XIV ont recommencé ses luttes?

« La guerre ne se fait pas par plaisir, elle se fait par nécessité. Et à ces époques de transition où, partout, à côté de tant d'éléments de prospérité, germent tant de causes de mort, on peut dire avec vérité : Malheur à celui qui, le premier, donnerait en Europe ce signal d'une collision dont les conséquences seraient incalculables!

« J'en conviens, et cependant j'ai, comme l'Empereur, bien des conquêtes à faire. Je veux, comme lui, conquérir à la conciliation les partis dissidents et ramener dans le courant du grand fleuve populaire les dérivations hostiles qui vont se perdre sans profit pour personne.

« Je veux conquérir à la religion, à la morale, à l'aisance, cette partie encore si nombreuse de la population qui, au milieu d'un pays de foi et de croyance, connaît à peine les préceptes du Christ; qui, au sein de la terre la plus fertile du monde, peut à peine jouir des produits de première nécessité.

« Nous avons d'immenses territoires incultes à défricher, des routes à ouvrir, des ports à creuser, des rivières à rendre navigables, des canaux à terminer, notre réseau de chemins de fer à compléter; nous avons en face de Marseille un vaste royaume à assimiler à la France. Nous avons tous nos grands ports de l'Ouest à rapprocher du continent américain par la rapidité de ces communications qui nous manquent encore. Nous avons enfin partout des ruines à relever, de faux dieux à abattre, des vérités à faire triompher.

« Voilà comment je comprendrai l'Empire, si l'Empire doit s'établir.

« Telles sont les conquêtes que je médite, et vous tous qui m'entourez, qui voulez, comme moi, le bien de notre patrie, vous êtes mes soldats. »

Qui peut mieux dire?

Et non-seulement Louis-Napoléon parle, mais il agit. Avant de rentrer à Paris, il a voulu faire une noble action, accomplir la foi jurée, en donnant la liberté à Abd-el-Kader... Cet acte pouvait être dangereux, mais la France avait donné sa parole d'honneur... et la France doit savoir combattre, verser son sang, mourir.... mais faillir à l'honneur, jamais.... Le Président l'avait bien compris. Aussi, à peine arrivé à Amboise où une voiture l'attendait, il se rend au château et annonce au prisonnier qu'il va être libre... Plus que qui que ce soit, il dut comprendre la joie que devait apporter cette nouvelle...

Enfin, après un mois d'absence, il a fait son entrée solennelle dans Paris, aux acclamations de plus de cinq cent mille hommes accourus pour saluer son retour.

Une chose fut surtout remarquée, c'est sa confiance dans le peuple français : il se tint toujours dix pas en avant de son état-major, sans une personne autour de lui...

Depuis, un sénatus-consulte a appelé le peuple français dans ses comices, pour lui demander si c'est vraiment et sincèrement qu'il veut Louis-Napoléon pour son Empereur. Si le peuple dit oui, si la France le veut, si la France l'ordonne, qui pourra y trouver à redire?

# CHAPITRE VIII

## L'Empire

Le vœu de la nation était connu, incontestable. Le Prince-Président pouvait prendre la couronne de France, la placer sur sa tête, et tous l'auraient salué par l'acclamation de : Vive l'Empereur! mais il ne le voulut pas. Pour éviter toute surprise, pour donner à chaque conscience le temps de se mettre en face d'elle-même, il voulut que chaque citoyen, individuellement, pût manifester sa volonté et dire : « Oui, je veux que Louis-Napoléon soit Empereur des Français. » La France fut donc convoquée dans ses comises électoraux, et cette France, à laquelle on avait déjà demandé : « Voulez-vous que Louis-Napoléon soit Président de la République? » et qui avait répondu, par la voix de près de six millions d'hommes : « Oui, je le veux » ; qui, à la question : « Voulez-vous qu'il soit Président pour dix ans? » avait répondu, par la voix de près de sept millions d'hommes : «Oui, je le veux !» répond franchement à cette question : « Voulez-vous qu'il soit Empereur?» par la voix de près de huit millions d'hommes, c'est-à-dire, par la voix de presque tous ceux qui peuvent voter : «Oui, je le veux, c'est-à-dire, je donne la couronne au Prince Louis-Napoléon pour lui et pour les siens.» Voilà un oui éternel qui lie à jamais la dynastie napoléonienne à la France. C'est un engagement solennel contracté devant Dieu et à la face de l'univers. Nul prince qui aujourd'hui soit un souverain plus légitime que l'Empereur Napoléon III. Toucher à ses droits, ce serait blesser chacun de ceux qui l'ont créé Empereur, ce serait blesser la France et mériter d'être traité comme un factieux.

En effet, voici, d'après un article du sénatus-consulte, ce que la nation a reconnu et approuvé :

« Le peuple veut le rétablissement de la dignité impériale dans la personne de Louis-Napoléon Bonaparte, avec hérédité dans sa descendance directe, légitime ou adoptive, et lui donne le droit de régler l'ordre de succession au trône de la famille Bonaparte ainsi qu'il est prévu par le sénatus-consulte du 7 novembre 1852. »

Un fait remarquable, c'est l'empressement et

l'élan des populations. Le temps était affreux, une pluie torrentielle a inondé la France pendant les deux jours du scrutin : n'importe, chacun était à son poste. Dans des départements, on a vu les habitants de la campagne traverser en voiture les rivières débordées et se rendre au lieu du vote avec enthousiasme. Ces jours ont été partout des jours de fête... et tout le monde a voulu être de la partie, jeunes et vieux, riches et pauvres.

A Paris, des malades, des infirmes, des paralytiques se firent transporter dans la salle du scrutin ; un ouvrier de la rue des Vinaigriers (ancien foyer de socialisme), affaissé sous le poids de la maladie, se fit transporter auprès de l'urne et, en déposant son vote, répondit à une question bienveillante du Président : « On ne saurait trop faire pour celui qui a sauvé la France. »

Des aveugles, en grand nombre (sept dans une seule section), sont venus voter conduits par leurs femmes et leurs enfants.

Dans le 8ᵉ arrondissement, le général Despaux, vieillard de quatre-vingt-onze ans, arriva en voiture pour déposer son vote : il essaya de monter dans la salle du scrutin située au premier étage, mais ses forces trahirent son courage, il fut contraint de s'asseoir dans le vestibule. Le bureau, informé de ce fait, se transporta en corps auprès du général, avec l'urne destinée à recueillir ce vote : cette scène touchante a ému tous les assistants.

On dit même que le général Cavaignac, oncle ou cousin de l'ancien chef du pouvoir exécutif, déposa un vote affirmatif, et dit : « Je vote oui, parce que c'est ma conviction. »

Cette confiance du peuple français toucha profondément le cœur du Prince Louis-Napoléon ; aussi, après avoir remercié le Sénat qui lui apportait le sénatus-consulte, il ajoute :

« Lorsque, il y a quarante-huit ans, dans ce même palais, dans cette même salle et dans des circonstances analogues, le Sénat vint offrir la couronne au chef de ma famille, l'Empereur répondit par ces paroles mémorables : « *Mon* « *esprit ne serait plus avec ma postérité du jour* « *où elle cesserait de mériter l'amour et la con-* « *fiance de la grande nation.* »

« Eh bien ! aujourd'hui, ce qui touche le plus mon cœur, c'est de penser que l'esprit de l'Empereur est avec moi, que sa pensée me guide, que son ombre me protège, puisque par une démarche solennelle vous venez, au nom du peuple français, me prouver que j'ai mérité la confiance du pays. Je n'ai pas besoin de vous dire que ma préoccupation constante sera de travailler avec vous à la grandeur et à la prospérité de la France. »

Et au Corps législatif, il dit :

« Recevez mes remercîments, messieurs les députés, pour l'éclat que vous avez donné à la manifestation de la volonté nationale, en la rendant plus évidente par votre contrôle, plus imposante par votre déclaration. Je vous remercie aussi, messieurs les sénateurs, d'avoir été les premiers à m'adresser vos félicitations comme vous avez été les premiers à formuler le vœu populaire.

« Aidez-moi tous à asseoir, sur cette terre bouleversée par tant de révolutions, un gouvernement stable qui ait pour base la religion, la justice, la probité, l'amour des classes souffrantes.

« Recevez ici le serment que rien ne me coûtera pour assurer la prospérité de la patrie, et que, tout en maintenant la paix, je ne céderai rien de tout ce qui touche à l'honneur et à la dignité de la France. »

Le lendemain, 2 décembre, l'Empereur quittait le palais de Saint-Cloud à midi. Il était à cheval, en uniforme de général de division et décoré du grand cordon de la Légion d'honneur. Il s'avançait seul et à quelque distance de son cortége, entre les deux lignes de la garde nationale et de l'armée qui s'étendaient de la porte Maillot jusqu'à la place de la Concorde; son mâle visage reflétait le bonheur profond que lui faisaient éprouver les acclamations enthousiastes dont il était l'objet et qui l'accompagnèrent jusqu'au palais des Tuileries.

L'Empire ne fut pas inauguré par des réjouissances officielles. Napoléon III ne le voulut pas; il préféra ouvrir son règne par des actes de clémence et par de nombreux bienfaits en faveur des classes pauvres ou souffrantes.

Les pauvres et les malades furent le premier objet de la sollicitude de l'Empereur; mais, tout en s'occupant d'eux, Sa Majesté exerçait son droit de grâce dans des proportions aussi larges que le permettaient l'autorité des lois et la sécurité publique. Remise fut faite de la prison et de l'amende à tous les condamnés pour simples délits et contraventions; aux soldats et matelots, des punitions encourues pour fautes contre la discipline; aux déserteurs et aux insoumis des armées de terre et de mer, des châtiments qui les attendaient.

Les condamnés et les exilés politiques ne pouvaient rester en dehors des dispositions bien-

veillantes de Sa Majesté; une note insérée au
*Moniteur* du 2 décembre ne laissait sur ce point
aucun doute :

« A l'exception des hommes qui se sont rendus
coupables de crimes que toute morale réprouve,
tous ceux qui souffrent des suites de nos mal-
heureuses discordes seront rendus à la liberté, à
leur famille, à leur patrie, sans autre condition
que de se soumettre à la volonté nationale si
clairement manifestée dans le dernier scrutin,
et de prendre l'engagement de ne rien faire désormais contre le gouvernement de l'élu du pays.

« L'Empereur ne veut rien exiger de plus, et
le bon sens ainsi que les nécessités sociales disent assez qu'il est impossible de demander
moins. Le vœu le plus cher de Sa Majesté est de
voir effacées jusqu'aux traces de nos anciennes
divisions : elle ne garde du passé que le souvenir des services rendus. Il ne tiendra pas au
Prince que la patrie vient de couronner, qu'elle
soit plus longtemps séparée d'aucun de ses enfants. »

Dès le lendemain de son entrée triomphante
à Paris, l'Empereur se rendit à l'Hôtel-Dieu et
au Val-de-Grâce.

Sa Majesté avait recommandé qu'il ne fût fait
aucuns préparatifs pour le recevoir. Cependant
le bruit de sa venue s'était répandu, et la popu-

lation de ces quartiers, accourue sur le passage de l'Empereur, lui fit une véritable ovation.

L'Empereur visita d'abord la chapelle, où fut chanté un *Domine, salvum fac Imperatorem.* Sa Majesté parcourut les salles des malades ; elle s'approcha de quelques lits, et remit, de sa main, des secours à plusieurs malades, en s'informant avec intérêt de leur sort. Cette visite donna lieu à des scènes touchantes : ainsi, un vieux militaire, ancien capitaine des vélites de la garde impériale, fut présenté à Sa Majesté, et lui fit connaître que, depuis 1814, il sollicitait la croix qui lui avait été promise par l'Empereur Napoléon Ier, qu'il avait suivi à l'île d'Elbe, ou du moins une pension. Sa Majesté lui a immédiatement accordé l'une et l'autre, et lui a remis elle-même la croix. « Ce n'est pas la croix que je veux, c'est votre main, Sire, » dit le vieux militaire en serrant contre son cœur la main de Sa Majesté, et en l'arrosant de larmes. Plus loin, c'était un vieux paysan qui était venu à pied de soixante-dix lieues pour voir l'Empereur, et qui, épuisé, sans ressources, avait été forcé de se faire conduire à l'hôpital. Sa Majesté lui adressa quelques paroles pleines d'intérêt et lui accorda une pension.

Ces scènes attendrissantes émurent vivement les assistants. L'Empereur remit au directeur de l'Hôtel-Dieu une somme de dix mille francs pour les malades de l'hôpital.

De là, Sa Majesté se rendit à pied à Notre-Dame, au milieu d'une foule de plus en plus compacte qui se pressait autour d'elle en la saluant des acclamations les plus vives et les plus sympathiques.

L'Empereur visita ensuite l'hôpital du Val-de-Grâce ; il parcourut les salles en prodiguant partout, comme à l'Hôtel-Dieu, les consolations et les secours ; à son départ, il remit encore une somme de dix mille francs au directeur de l'hô-pital. Aussi partout, dans ce pèlerinage de cha-rité, la foule le salua des plus chaleureuses ac-clamations.

L'Empereur avait annoncé à M. le ministre de l'intérieur son intention de visiter les hôpi-taux de Paris. « Je veux, avait-il dit, que ma première visite, comme Empereur, soit pour ceux qui souffrent. » Ceux qui souffrent n'ou-blieront pas que la première pensée de l'Empe-reur a été pour eux : ils savent d'ailleurs de-puis longtemps qu'ils sont l'objet constant de ses plus vives sollicitudes.

# CHAPITRE IX

## Mariage. — L'Impératrice Eugénie. Le Prince Impérial.

L'empire était fait, la France avait donné la couronne au prince Louis-Napoléon et à sa dynastie, mais l'Empereur n'avait pas encore de descendance directe. Pourtant, c'est une dynastie qui assure le calme et la stabilité des nations et des gouvernements.

Napoléon III songea donc à prendre une compagne de son trône. Il eût pu choisir une jeune princesse des familles régnantes, suivant les antiques usages. En ce temps-là, c'était souvent la politique qui faisait les mariages; quelquefois même un prince épousait une femme qu'il n'avait jamais vue. Aussi, de temps en temps ces unions ont été la source de déplorables scandales, une fatalité pour les nations, qui ne demandent pas mieux que d'imiter leurs souverains, surtout dans leurs faiblesses.

Un mariage est une chose que la politique ne doit pas faire : elle est trop sèche ; il doit être l'œuvre de deux cœurs qui se comprennent. Il est si bon pour les souverains d'avoir aussi, dans un petit coin de leur palais, un doux foyer domestique où ils puissent venir souvent se reposer des fatigues du gouvernement et même des ennuis de la grandeur ; c'est une garantie et un bon exemple pour les peuples.

Une jeune personne de haute naissance, que son esprit et ses grâces, plus encore qu'une beauté supérieure, avaient placée au premier rang dans les hautes régions du monde parisien, Eugénie de Montijo, comtesse de Téba, fut choisie par l'Empereur pour porter ce diadème des souveraines de France auquel toutes les princesses du monde ont toujours porté envie.

Si la comtesse de Téba n'était point issue de sang royal, elle se trouvait mêlée par son nom et ses titres aux plus glorieux souvenirs de l'histoire d'Espagne, et, par celui de son père, aux pages les plus belles des annales de l'empire. Parmi les faits d'armes du comte de Montijo, rien ne peut illustrer davantage, aux yeux de la France, son nom et celui de son auguste fille que sa belle défense des buttes de Chaumont, où, à la tête des élèves de l'Ecole polytechnique, il eut l'insigne honneur de tirer les derniers coups de canon contre les ennemis de la France.

D'un autre côté, l'illustre sang des Gusman coulait dans ses veines ; si elle n'appartenait pas à une famille régnante, elle était *aussi noble que le Roi*, comme on disait autrefois. Du reste, la beauté, quand elle se trouve réunie à la bonté, n'est-ce pas aussi une royauté qui en vaut bien une autre? Mademoiselle de Montijo réunissait à une beauté rare une tendre et exquise bonté ; et qui sait même si ce n'est pas sa charité qui lui a porté bonheur et à la France aussi, dont elle est devenue la *gracieuse Impératrice*, comme tous aiment à l'appeler? Ici nous ne pouvons résister à la tentation de citer un fait très-frappant.

La duchesse de Téba, — c'était ainsi qu'on appelait mademoiselle de Montijo, — avait passé l'été qui précéda son mariage aux Eaux-Bonnes. Chaque matin la jeune et belle duchesse distribuait, du haut de son balcon, de royales aumônes, et tous les pauvres de la contrée accouraient joyeux les recevoir. Un seul, aveugle et pouvant à peine marcher, ne venait point ; il implorait la pitié des passants, assis sur une pierre, au bord du chemin, à une demi-lieue de la ville. Mais chaque jour aussi, la future Impératrice dirigeant, accompagnée de sa mère, sa promenade de ce côté, portait au pauvre aveugle de douces paroles de consolation et d'abondantes marques de sa générosité.

Quand la duchesse de Téba quitta les Eaux-Bonnes, tous ses pauvres l'attendaient sur la route ; l'aveugle était au milieu d'eux. Elle fit arrêter sa chaise de poste, et, pour la dernière fois, elle exerça sa charitable bienfaisance.

Le pauvre aveugle reçut une pièce d'or, et lorsqu'on l'en eût informé, il exprima sa reconnaissance, en souhaitant à la jeune duchesse toutes sortes de félicités. *Que Dieu vous fasse reine !* lui criait-il au moment où, sa voiture repartant, elle inclinait sa jolie tête, en signe d'adieu.

Le Ciel a exaucé les vœux du pauvre aveugle, et cette charmante tête porte aujourd'hui la couronne de France.

Ce mariage de l'Empereur fut dès le premier jour très-populaire. Les politiques, les habiles semblaient ne pas l'approuver, mais le peuple était ravi de cette manière de faire. A Paris, il exprimait sa pensée de la façon la plus originale et la plus vraie. « C'est bien, disait l'un ; il se marie comme nous. Il ne se marie pas comme un roi, mais comme se marie un honnête homme, suivant son gré. — Ce ne serait pas la peine, disait un autre, d'être Empereur, si on ne peut seulement pas se choisir une femme à sa guise. Le premier venu en a bien le droit. — Eh bien ! disait un troisième, quand il eût épousé une petite princesse allemande qui eût amené à l'armée française un renfort de quatre hommes avec un caporal, voilà, ma foi, une belle affaire et qui mérite qu'on en parle et qu'on gêne ses inclinations ! »

Mais laissons l'Empereur nous donner lui-même les raisons de ce mariage ; il sait si bien, avec sa parole claire et incisive, expliquer et justifier chacune de ses actions ! Certainement il peut se tromper, Dieu seul ne se trompe pas ; mais il n'agit jamais sans de graves motifs.

Le 22 janvier 1853, il avait convoqué les grands Corps de l'État aux Tuileries, les Sénateurs et les Députés, pour leur annoncer son mariage. Après la réunion, un député s'écriait : «C'est bien étrange, beaucoup d'entre nous étaient venus tristes et tout prêts à désapprouver, mais il nous a donné si bien, de si bonnes raisons que chacun s'en est retourné content en disant : «Probablement il n'a pas tort. » — Voici donc ce que dit Napoléon III dit dans cette réunion :

« Je me rends au vœu si souvent manifesté par le pays en venant vous annoncer mon mariage.

« L'union que je contracte n'est pas d'accord avec les traditions de l'ancienne politique ; c'est là son avantage.

« La France, par ses révolutions successives, s'est toujours brusquement séparée du reste de l'Europe ; tout gouvernement sensé doit chercher à la faire rentrer dans le giron des vieilles monarchies ; mais ce résultat sera bien plus sûrement atteint par une politique droite et franche, par la loyauté des transactions, que par des alliances royales qui créent de fausses sécurités et substituent souvent l'intérêt de famille à l'intérêt national. D'ailleurs les exemples du passé ont laissé dans l'esprit du peuple des croyances superstitieuses ; il n'a pas oublié que depuis soixante-dix ans les princesses étrangères n'ont monté les degrés du trône que pour voir leur race dispersée et proscrite par la guerre ou par la révolution. Une seule femme a semblé porter bonheur et vivre plus que les autres dans le souvenir du peuple, et cette femme, épouse modeste et bonne du général Bonaparte, n'était pas issue d'un sang royal.

« Il faut cependant le reconnaître : en 1810, le mariage de Napoléon I$^{er}$ avec Marie-Louise fût un grand événement ; c'était un gage pour l'avenir, une véritable satisfaction pour l'orgueil national, puisqu'on voyait l'antique et illustre maison d'Autriche, qui nous avait fait si longtemps la guerre, briguer l'alliance du chef élu d'un nouvel Empire. Sous le dernier règne, au contraire, l'amour-propre du pays n'a-t-il pas eu à souffrir lorsque l'héritier de la couronne sollicitait infructueusement, pendant plusieurs années, l'alliance d'une maison souveraine, et obtenait enfin une princesse accomplie sans doute, mais seulement dans des rangs secondaires et dans une autre religion?

« Quand en face de la vieille Europe on est porté par la force d'un nouveau principe à la hauteur des anciennes dynasties, ce n'est pas en vieillissant son blason et en cherchant à s'introduire à tout prix dans la famille des rois qu'on se fait accepter : c'est bien plutôt en se souvenant de son origine, en conservant son caractère propre et en prenant franchement vis-à-vis de l'Europe la position de parvenu, titre glorieux lorsqu'on parvient par le libre suffrage d'un grand peuple.

«Ainsi, obligé de s'écarter des précédents suivis jusqu'à ce jour, mon mariage n'était plus qu'une affaire privée; il restait seulement le choix de la personne. Celle qui est devenue l'objet de ma préférence est d'une naissance élevée. Française par le cœur, par l'éducation, par le souvenir du sang que versa son père pour la cause de l'Empire, elle a, comme Espagnole, l'avantage de ne pas avoir en France de famille a laquelle il faille donner honneurs et dignités.

Douée de toutes les qualités de l'âme, elle sera l'ornement du trône, comme au jour du danger elle deviendrait un de ses courageux appuis. Catholique et pieuse, elle adressera au ciel les mêmes prières que moi pour le bonheur de la France. Gracieuse et bonne, elle fera revivre dans la même position, j'en ai le ferme espoir, les vertus de l'Impératrice Joséphine.

« Je viens donc, messieurs, dire à la France : J'ai préféré une femme que j'aime et que je respecte à une femme inconnue dont l'alliance eût eu des avantages mêlés de sacrifices. Sans témoigner de dédain pour personne, je cède à mon penchant, mais après avoir consulté ma raison et mes convictions. Enfin, en plaçant l'indépendance, les qualités du cœur, le bonheur de famille-au-dessus des préjugés dynastiques et des calculs de l'ambition, je ne serai pas moins fort, puisque je serai plus libre.

« Bientôt en me rendant à Notre-Dame, je présenterai l'Impératrice au peuple et à l'armée. La confiance qu'ils ont en moi assure leur sympathie à celle que j'ai choisie. Et vous, messieurs, en apprenant à la connaître, vous serez convaincus que, cette fois encore, j'ai été inspiré par la Providence. »

Les prévisions de l'Empereur ont été largèment réalisées; on peut dire que l'Impératrice Eugénie est, auprès de lui, le ministre de la charité. Pour chaque branche de gouvernement il y a un ministère; en France, ce pays si charitable, il devait y avoir aussi un ministère de la charité; eh bien, c'est l'Impératrice qui le dirige. La charité est son bonheur, son occupation, sa vie. Il semble que Dieu ne l'a placée si haut que pour verser des charités et des consolations dans les âmes de ceux qui souffrent. En présence d'une grande détresse, son cœur s'attendrit, des larmes roulent autour de ses yeux, puis elle donne; quand elle n'a plus d'argent, elle emprunte. Elle donnerait tout, même je crois les Tuileries, si les Tuileries lui appartenaient.

« L'Empereur — dit l'auteur des *Portraits historiques au dix-neuvième siècle* — voulut pour ainsi dire qu'elle prît possession officiellement de ce noble rôle, et il attacha à la couronne de l'Impératrice, comme le plus précieux diamant, le titre de présidente des sociétés de charité de l'empire.

« L'asile, l'ouvroir, la crèche, l'hospice, l'atelier furent ses domaines à féconder, à enrichir. La faiblesse, la maladie, la souffrance, le travail pénible furent confiés à la jeune et pieuse Impératrice, pour qu'elle en prît soin et pour qu'elle demeurât une noble femme savante en douleurs et en misères, toujours appelée à secourir, toujours prête à consoler, à relever quiconque est prêt à succomber.

« Ces admirables devoirs qu'une organisation délicate et intelligente à la fois peut seule remplir, ces devoirs sont le bonheur de l'Impératrice, et elle en a pris la charge avec ardeur et joie, n'éprouvant de soucis que lorsqu'elle est obligée, par le nombre des infortunes, de s'attacher aux plus pressantes et de retarder pour d'autres l'époque où elle doit les faire cesser.

« Dès le début, l'Impératrice manifesta sa sérieuse et touchante sollicitude et la grandeur avec laquelle elle comprenait sa mission.

« La ville de Paris avait voté une somme de 600 000 fr. pour offrir une parure à l'auguste compagne de Napoléon III à l'occasion de la célébration de son mariage. Sa Majesté n'accepta le présent qu'en le transformant aussitôt ; elle se fit donner, non un écrin, mais une offrande plus belle, une maison d'éducation pour les orphelins pauvres. La somme votée par le conseil municipal fut employée, d'après les plans de l'Impératrice, à la fondation de cet établissement qui doit remplacer pour de malheureux enfants la famille dont ils sont privés, leur assurer des soins peut-être plus intelligents et leur procurer la certitude d'une existence honnête en leur ap-

S. M. L'IMPÉRATRICE DES FRANÇAIS

prenant le travail approprié à leur situation.

« Un hôpital porta bientôt le nom de l'Impératrice Eugénie et le signala à une reconnaissance nouvelle.

« S'inquiéter des moindres détails, faire couler une source intarissable de dons particuliers inscrits sur les registres de ses commandements, montrer une activité incessante dans ses recherches, ses projets, proposer à l'Empereur créations sur créations et ne jamais détourner un seul instant son regard de ceux que le malheur a frappés, telle est l'existence de l'Impératrice, existence qui la maintient, comme les médecins et les prêtres, constamment en présence de spectacles tristes et émouvants, mais qui donnent un élan plus vif à sa piété, à sa charité.

« Des ennemis, elle n'en veut point avoir ; elle n'en a pas. La religion lui fait une pitié plus grande encore pour eux lorsqu'ils se trouvent frappés. »

La physionomie de l'Impératrice est souriante et ferme, empreinte de candeur et de décision. Sa taille est élégante et noble, son goût d'ajustement parfait. Son aspect donne bien l'idée d'une souveraine heureuse, bienveillante, confiante en Dieu, en son auguste époux et dans la nation qui l'a adoptée (1).

(1). M. Fourmestraux, *Etude sur Napoléon III.*

Mais c'est surtout par sa charité qu'elle règne sur les âmes.

Rien ne produit une impression vive et salutaire sur le peuple français comme la bonté du cœur. De plus il a bon goût : s'il aime la charité, il ne dédaigne pas la beauté, au contraire, il est ravi quand il les trouve réunies, surtout dans sa souveraine. Cela l'enchante, le *grise*, comme il dit dans son langage expressif; et ses impressions se traduisent par ces mots : *Comme elle a l'air bon! Qu'elle est pourtant gentille! Vive l'Impératrice!...* Pour le peuple de Paris, en particulier, ce mot *gentille* signifie l'expression d'une belle âme passée sur un beau visage. C'est cette beauté, plus morale que physique, contre laquelle les années ne peuvent rien et qu'on appelle la grâce.

A ce propos, qu'on nous permette de rapporter une jolie pensée d'un ouvrier de Paris qui avait eu un faible très-prononcé pour la *sociale;* nous conserverons ses expressions pittoresques, elles peignent si bien la chose. Cet ouvrier avait été malade, et le pain manquait à sa femme et à ses enfants; l'Impératrice lui fit porter un secours. En présence de la généreuse offrande, la femme pleurait et se confondait en bénédictions pour sa bienfaitrice, l'homme était profondément ému. Cependant, après toutes les expressions de sa reconnaissance, la femme, en sa qualité de femme, adressa cette question au visiteur :

— Est-elle belle, l'Impératrice? Je ne l'ai jamais vue.

—Veux-tu bien te taire? reprit le mari ; est-ec que ça se demande? *Quand on est si bonne, on est toujours belle.* Je l'ai vue une fois, moi, et je vous réponds qu'elle *m'a crânement plu;* rien que de la voir, ça m'a tiré, malgré moi, *toutes mes mauvaises idées comme avec la main.*

Cette grâce de l'Impératrice Eugénie a un charme si séduisant!

On a vu les natures les plus âpres et les plus hostiles n'y pouvoir résister. Nous n'en donnerons aujourd'hui qu'une seule preuve.

C'était en l'année 1854, l'Empereur et l'Impératrice faisaient une visite à la vénérable sœur Rosalie; cette visite avait été annoncée. On sait qu'elle habitait le faubourg Saint-Marceau, où l'émeute n'avait jamais manqué de trouver de terribles soldats : la foule des curieux était immense, et elle ne brillait ni par l'élégance des toilettes, ni par la grâce des figures. C'était probablement l'exhibition la plus complète de toilettes débraillées et de mauvaises mines qu'on eût vue, dans le quartier, depuis la dernière des défuntes émeutes. Tous n'avaient pas l'air d'être venus là pour acclamer leurs souverains. L'arrivée produisit déjà une bonne impression : on savait bon gré de cette visite faite à la mère des pauvres du quartier; mais au départ, lorsque l'Impératrice était déjà montée dans sa voiture, voilà un grand gaillard, à mine dure mais intelligente, ayant assez l'air d'un mauvais sujet, qui va sans façon se camper devant elle. Il la considère attentivement, il la regarde à droite, il la regarde à gauche, avec le sérieux d'un homme qui va prononcer un grave jugement : sa figure se déride; tout à coup, le cœur fait explosion, et il s'écrie, même de façon à pouvoir être entendu de Sa Majesté : *On a beau dire, elle est pourtant bien gentille!...* puis il pousse un cri formidable de « Vive l'Impératrice! » L'impulsion était donnée, ce fut une traînée de poudre, le feu était aux cœurs ; dans la rue, aux fenêtres, sur les toits, c'est un vrai tonnerre d'acclamations. La voiture ne pouvait marcher, et pourtant il fallait aller jusque chez les *Petites-Sœurs des pauvres.* L'Empereur descendit simplement, donna le bras à l'Impératrice, et les voilà qui se dirigent à pied, au milieu de cette foule que l'on disait hostile, et qui, malgré sa bonne volonté, ne peut leur ouvrir qu'un chemin fort étroit, tant les rangs étaient serrés. Là, on put les considérer à l'aise. Cette confiance du souverain bouleversa les âmes : c'étaient des cris à faire trembler le ciel. Jamais certainement l'Empereur et l'Impératrice n'ont été mieux acclamés.

La vie de Sa Majesté l'Impératrice est toute remplie des plus charmants traits de charité. Nous regrettons que ce ne soit pas ici le lieu de les raconter en détail; nous le ferons un jour, s'il plaît à Dieu, dans un autre volume, où nous parlerons aussi du Prince Impérial et de ses œuvres.

Je ne sais vraiment pourquoi on écrit si peu sur nos souverains; on parle sans cesse des souverains étrangers, presques inconnus : je n'entends parler que du roi des Hellènes, du roi de Danemark, même de Radama, feu roi de Madagascar, tandis qu'il y a tant de gens en France qui seraient charmés d'entendre parler de leur Empereur, de l'Impératrice et du Prince Impérial, et cela partout et à tous les degrés de l'échelle sociale.

Allez où vous voudrez, on vous demandera :

— Et le petit Prince, comment va-t-il? — Est-il grand? — Est-il fort? — A-t-il une bonne santé? — A qui ressemble-t-il? Ressemble-t-il à son père? Ressemble-t-il à sa mère? — Il doit déjà savoir bien des choses; il doit être si bien élevé? etc.

Et puis on écoute les réponses avec une religieuse attention, avec ravissement.

On sait la parole qu'un brave habitant de la Savoie a adressée à l'Empereur lui-même :

— Et le *petiot*, comment va-t-il? Pourquoi donc ne l'avez-vous pas amené avec vous?

— Ce sera pour une autre fois, lui répondit l'Empereur avec bonté.

La France a l'instinct, la conscience de ce que doit être un jour, pour elle, l'enfant impérial; elle veut le connaître, elle ne demande pas mieux que de l'aimer. C'est pour cela que nous dirons un jour quelque chose de ce qu'il est et de ce qu'il promet de devenir.

On conçoit cet intérêt. Le Prince impérial n'est-il pas l'*enfant de France*? Or, chacun veut savoir ce que fait son enfant, connaître ses progrès, ses *notes* de chaque année, comme on dit dans les colléges. Cher et bon petit Prince, comment ne pas le couvrir d'un affectueux intérêt? Lui si tendre, si innocent, si jeune aujourd'hui, il sera appelé un jour à porter sur ses épaules le terrible fardeau du gouvernement de la France! Oh, après l'avoir bien connu, après avoir vu ses si heureuses dispositions, son si bon cœur, chacun voudra l'aider à en porter une partie, surtout la jeune génération qui grandit avec lui et dont il sera un jour le protecteur et le père!

Mais revenons au mariage de l'Empereur. Il

fut célébré le 30 janvier 1853 dans l'église métropolitaine; l'assistance, qui était immense, fut frappée de la modestie et de la beauté de la jeune mariée. L'Impératrice était vêtue de blanc et portait une couronne de pierreries, l'Empereur portait le grand collier de la Légion d'honneur. Cette cérémonie, qui s'accomplit au milieu du plus profond recueillement, réveillait plus d'un souvenir : cet homme, ce souverain, aujourd'hui entouré de l'élite de la France et de tant d'hommages, était, il y a quelques années, emprisonné dans une forteresse, et les hommes avaient décidé qu'il y devait mourir. Sans doute, parmi ces grands personnages qui étaient venus là, pour être une part de la cérémonie, il y en avait qui autrefois avaient condamné le prince Napoléon à la prison perpétuelle! Quel changement! On peut dire à coup sûr que la Providence n'était pas étrangère à cette grande solennité!

# CHAPITRE X

**Commencement de l'empire. — Œuvres populaires. — La guerre d'Orient.**

L'Empereur, comme président de la république, avait doté la France des admirables institutions que nous avons étudiées ensemble. Elles
fonctionnaient comme d'elles-mêmes, attendant
leur perfectionnement du temps, de l'expérience
et de la bonne volonté des hommes. Pendant ce
temps-là, Napoléon III ne songeait qu'à améliorer
le sort des masses : il s'occupait des logements
des ouvriers, des pauvres, des asiles pour les
vieillards. En un seul jour il envoyait dix mille
francs aux *Petites-Sœurs des pauvres*, qui donnent l'hospitalité aux vieillards que les hospices
ne peuvent recevoir, et le nombre, hélas! en est
trop grand. L'Empereur lui-même acheta un
terrain au faubourg Saint-Antoine, y fit construire à ses frais une cité ouvrière. Accompagné

de l'Impératrice, il visita les institutions de charité, où Leurs Majestés laissaient toujours de bonnes paroles de leurs cœurs et de larges offrandes de leurs bourses. L'Impératrice Eugénie s'occupait activement, en particulier, de la construction de son Orphelinat de jeunes filles. Le prix du collier qui lui avait été offert par la ville de Paris était de six cent mille francs, Sa Majesté en a dépensé douze cent mille pour l'achat du terrain et pour les constructions : de plus, elle en dépense plus de cent mille, chaque année, pour l'entretien et l'éducation de ces jeunes enfants du peuple. Ce n'est pas encore tout : elle songe à elles avec son intelligence et son cœur. Surtout elle veille avec une maternelle sollicitude à ce que ces jeunes filles sortent de l'asile Eugénie simples et bonnes ouvrières, et rien de plus...

Pendant que l'Empereur et l'Impératrice s'occupaient de ces soins domestiques, au milieu de leur grande famille française, un orage se formait au nord de l'Europe.

L'empereur de Russie prétend s'arroger un droit de protection universelle sur tous les Grecs séparés de l'Église de Rome répandus dans l'empire turc. C'était d'un seul coup conquérir la facilité de persécuter et de dépouiller même des églises qu'ils possèdent à Jérusalem sur le tombeau de Jésus-Christ, les catholiques placés de tout temps sous le patronage de la France, et aussi la facilité de miner et de renverser l'empire de Constantinople... La Turquie, blessée dans sa dignité et dans son indépendance, s'y oppose.... C'était son devoir. Le czar, sous prétexte de prendre une garantie d'une chose qui ne lui est pas due, envahit les principautés de la Valachie et de la Moldavie, agrégées à l'empire ottoman... Alors le sultan se tourne vers l'Angleterre et la France, réclame l'accomplissement du traité du 13 juillet 1841, signé par la Russie elle-même, traité qui assurait l'intégrité de l'empire turc.

La religion, la justice, la foi jurée, étaient attaquées ; il n'y avait pas à balancer. La France, d'accord avec l'Angleterre, se leva dans sa force, saisit son épée, et dit à ses vaillants bataillons par la voix de son chef : *Allez, mes enfants... Dieu vous protége* (1) !

Ici il est bon de s'arrêter un instant. Napoléon III avait dit à Bordeaux, dans son célèbre discours : *L'Empire, c'est la paix.*

Quel est le sens de cette parole ? Elle veut dire ceci : La France n'attaquera personne, le temps des conquêtes est passé pour elle ; elle est

_______________

(1) Discours de l'Empereur à Boulogne-sur-Mer.

bien, comme elle est, assez forte et assez grande ;
son but principal est de rendre meilleure encore
la part que la Providence lui a faite ; elle veut
que les autres nations vivent tranquilles dans
leur pays, mais elle entend aussi qu'on la laissera
vivre tranquille chez elle. Elle veut la paix avec
tous ; mais si ses intérêts, si son honneur étaient
attaqués directement où indirectement, soudain
elle doit porter la main à son épée. Il est une
chose que la nation ne pardonnera jamais à son
souverain, c'est de l'humilier, c'est de la mettre
à genoux devant l'étranger. Ici il s'agissait de ces
Russes qui deux fois avaient envahi la France,
et ce que nos pères nous ont raconté sur ce qu'ils
y ont fait, suffit pour nous ôter l'envie de les y
revoir jamais.

Sans doute la France aime la prospérité matérielle ; elle aime la paix qui donne la sécurité
au commerce et du travail aux ouvriers ; il lui
en coûte de verser du sang, mais il est une chose
qu'elle aime et qu'elle aimera toujours plus que
tout cela... l'honneur !...

Oui, c'est un malheur que le sang coule, que
l'argent soit dépensé, que le commerce souffre ;
mais il y a quelque chose ici-bas qui vaut mieux
que l'argent, que la paix, que la vie même, et
qui doit l'emporter sur tout, c'est l'honneur...
Nul Français qui ne soit de cet avis ; car, s'il

pensait autrement, par le fait même il cesserait d'être Français.

Du reste, la France, en défendant la justice en faveur des autres, comme cela arrive toujours, se défendait elle-même... L'ambition est aveugle et insatiable, surtout quand elle ne rencontre pas d'obstacle. Qui sait si, une fois en possession de Constantinople, l'ambition du czar exaltée par le succès, ne lui eût pas crié : « Paris! Paris! » Qui sait si un jour l'autocrate n'eût pas donné cet ordre au chef de sa flotte: « En France!..» Les Russes en France!... les Cosaques à Paris!... Jamais, jamais!...

Malgré tous ces graves motifs, l'affaire a été conduite avec modération et une imperturbable patience. On a envoyé courrier sur courrier; on a essayé de faire entendre des offres de paix ; on a donné le temps de la réflexion ; les provinces du Danube furent envahies à la fin de mai 1853, et ce n'est qu'au commencement de l'année 1854 que la guerre a été résolue en France.

L'Empereur lui-même avait écrit au czar Nicolas une lettre digne et cordiale, afin d'empêcher, si c'était possible, l'effusion du sang...

Tout le monde connaît l'histoire de cette mémorable guerre, chacun a entendu parler de la bataille de l'Alma et du maréchal Saint-Arnaud, de la bataille d'Inkermann et de la prise de Malakoff, suivie de celle de Sébastopol. Ce sera une éternelle gloire pour le règne de Napoléon III et pour les maréchaux Pélissier, Canrobert et Mac-Mahon (1).

L'empereur n'avait pu prendre en personne le commandement de son armée, mais de Paris il la surveillait et la dirigeait, surtout il la pourvoyait largement de tout ce qui lui était nécessaire. Il eût bien voulu payer de sa personne sur le champ de bataille, mais les exigences du gouvernement le retenaient en France ; plusieurs fois il fut sur le point de partir pour la Crimée. S'il ne put se montrer en personne sous les murs de Sébastopol, il y était de cœur, il ne négligeait rien pour adoucir le sort du soldat. C'est ici le lieu de dire un mot de ce que Napoléon III a fait pour l'armée.

On sait que l'hiver de 1854-1855 fut rigoureux ; l'armée avait à lutter avec le feu des batteries de Sébastopol et les rigueurs de l'hiver. Il y eut en France un élan admirable pour envoyer à nos soldats tout ce qui pouvait adoucir leur position. L'Empereur et l'Impératrice avaient donné l'exemple. On avait même songé aux familles de ceux qui avaient trouvé la mort sur le champ de bataille.

(1) Nous avons précédemment écrit l'*Histoire de la guerre d'Orient*. Un volume in-12.

Pour son armée l'Empereur songeait à tout, et il ne s'en rapportait souvent qu'à lui-même ; or, un beau jour, les promeneurs furent fort étonnés de voir, dans le jardin réservé des Tuileries, de petites baraques, les unes couvertes en bois, les autres en paille, d'autres en toile. On se demandait si c'était une nouvelle manière de décorer le jardin, ce qui ne paraissait pas une très-heureuse invention dans le genre. Bientôt le secret fut révélé : l'Empereur, affligé des souffrances de l'armée, avait fait construire, sous ses yeux, ces différents essais de tentes pour abriter les soldats, car, comme ils disent, l'Empereur *est très-humain pour le militaire.* Il a tout amélioré dans l'armée. Une caserne de Paris sait par cœur un petit discours que répète chaque année un officier à sa compagnie : «L'Empereur, dit-il, a amélioré le pain du soldat, la viande du soldat, la soupe du soldat, l'uniforme du soldat, la paye du soldat, la retraite du soldat, » et tous savent qu'il dit la vérité. Il est vrai, les vieux officiers s'en plaignent bien un peu, ils disent que l'on gâte l'armée, que de leur temps ils n'avaient pas toujours de chaussures, et qu'ils n'en gagnaient pas moins des batailles; mais nous sommes bien sûr que les mères de ces braves militaires, qui savent leurs fils sous les drapeaux, ne se plaindront pas, elles, de ces soins paternels de l'Empereur pour leurs fils ; au contraire, elles béniront celui qui fait ce qu'elles ne peuvent toujours faire.

On ne sait vraiment avec quelle sollicitude l'Empereur s'occupe de son armée, rien ne lui échappe. Ainsi, savez-vous bien ce qu'il y a dans sa bibliothèque, à côté des livres et des journaux? Des uniformes militaires, tuniques, shakos, képis, casques; puis des armes, fusils, sabres, baïonnettes. Napoléon III étudie par lui-même ce qui peut être plus avantageux pour le troupier, le moins charger, le rendre plus fort et le mieux garantir contre l'intempérie des saisons. De temps en temps, on voit dans la cour des Tuileries des pelotons de soldats qui viennent essayer de nouveaux uniformes, de nouvelles armes. L'Empereur est appuyé sur sa canne, et il examine ces détails avec l'attention qu'il donnerait à la plus épineuse question politique.

Enfin Napoléon III a songé aux vieux jours des membres de son armée. S'il est une chose triste, c'est de voir un vétéran de nos gloires, un vieux serviteur de la patrie, réduit, à l'extrémité de sa vie, à pâtir de besoin, à tendre même la main pour achever d'exister. Ah! c'était désolant, c'était même une honte pour la France! Désormais, grâce à Napoléon III, il n'en sera plus jamais ainsi. Il y a une jolie pension pour le soldat blessé ; il y a une retraite pour le soldat qui a passé vingt-cinq ans sous les drapeaux. Les uns et les autres, retirés à la campagne, avec un léger travail pourront y mener une existence aisée et respectée de tous. Les vieux soldats du premier Empire n'ont pas même été oubliés. Ils ont reçu une médaille qui est un signe d'honneur ; puis les uns touchent une pension, les autres un secours qui revient à peu près chaque année. Notre armée aime l'Empereur, elle se ferait hacher pour lui, comme disent certains soldats. C'est que l'armée a du cœur, et que, pour elle, l'ingratitude doit être mise au nombre des dernières lâchetés.

# CHAPITRE XI

## Emprunts populaires. — Exposition universelle. — Créations utiles.

Les pensées et le cœur de Napoléon III sont sans cesse portés vers les masses, non vers une classe en particulier, mais il embrasse dans sa sollicitude toute la France; il songe à ce qui peut être utile au plus grand nombre, sans oublier personne. Pour gouverner, il ne s'appuie pas seulement sur une classe, mais sur tout le monde. Certes, il en a le droit, puisqu'il est l'élu de tous.

Cette préoccupation continuelle des masses porta l'Empereur à introduire une innovation dans le mode des emprunts, et ce fut un hardi coup de maître. La nation y gagnait en revenus et le gouvernement y faisait un beau bénéfice du côté de la confiance et de la stabilité.

Naturellement, pour faire la guerre il fallait emprunter. Jusqu'alors les emprunts s'étaient faits par de grands banquiers, par des capitalistes puissants, qui les plaçaient, surtout dans les classes riches, et cela avec un bénéfice considérable pour eux. L'Empereur, malgré les avis opposés des sages, des habiles et la force de l'usage, résolut d'en faire profiter tout le monde ; il s'adresse hardiment et directement à la nation tout entière, et lui dit : « J'ai besoin d'argent pour faire la guerre, voulez-vous m'en prêter ? » et la nation lui répondit : « Ma bourse vous est ouverte ! » Ouvrir sa bourse à quelqu'un, c'est certainement la plus haute marque de confiance qu'on puisse lui donner. De notre nature, nous ne sommes pas prêteurs. On vit des choses prodigieuses : c'était à qui apporterait son argent. Les bureaux des recettes étaient encombrés ; on vit, à Paris, des masses d'hommes arriver le soir, stationner dans la rue toute la nuit, pour pouvoir prêter leur argent le lendemain. Mais c'est surtout dans le dernier emprunt pour l'expédition d'Orient que l'on comprit la confiance que les masses avaient dans leur gouvernement. On avait demandé 500 millions, on apporta 2 milliards 198 millions ; mais voici ce qui est encore plus beau : dernièrement, le gouvernement demandait 300 millions : on lui a apporté près de 5 milliards. Voilà une de ces démonstrations qui posent, d'un seul coup, une nation et son souverain à la première place, aux yeux des peuples étrangers. Quelle nation que la France ! quelle richesse ! quelle confiance dans son gouvernement ! et avec cela la plus vaillante armée du monde ! Pourtant ces choses se passaient pendant une guerre longue et coûteuse, au milieu de la cherté : on voit que tout le monde avait dû s'en mêler. On ne sait le nombre des personnes qui ont prêté au gouvernement ; il y en a de toutes les classes. C'est même chose curieuse de voir la grande galerie du ministère des finances, le jour des échéances : elle est toute remplie des créanciers de l'État qui viennent toucher leurs rentes ; il y a toutes les toilettes, depuis la blouse et la cornette jusqu'aux dentelles et aux bottes vernies. Il est certain que chacun a un intérêt fort évident à la stabilité du gouvernement. Tout homme de bon sens ne devra pas manquer de répondre à celui qui lui parlera de faire de l'opposition : « Doucement, pas de sottises ! et mes rentes… qui me payera mes rentes ? »

Cette manière de faire les emprunts a été comme une consécration de l'élection de l'Empereur et un gage de stabilité pour son gouvernement et sa dynastie.

La guerre se faisait au dehors, la cherté sévissait au dedans ; cependant les arts, l'industrie et

même le commerce florissaient. Malgré les embarras d'une lutte formidable, soutenue à huit
cents lieues de la France, la grande exposition
universelle fut organisée en cette année 1855 :
un immense palais avait été rapidement con-
struit dans les Champs-Élysées. Là, vinrent se
ranger les produits de tout l'univers. Vingt-sept
mille cent neuf exposants, dont dix mille quatre-
vingt-onze Français, deux mille quatre cents
quarante-cinq Anglais, avaient réuni dans le palais de l'exposition tout ce que peut enfanter le
génie de l'homme secondé par les forces de la
nature. Pendant six mois, l'élite de la France,
de l'Europe et même de l'Amérique afflua à
Paris. On se fût cru en pleine paix, et cependant c'était une guerre acharnée.

Parmi les visiteurs, n'oublions pas la reine
d'Angleterre; depuis longtemps souverains anglais n'avaient visité la France. La reine fut
magnifiquement accueillie par l'Empereur et
par la population de Paris. On savait bon gré à
cette souveraine d'une si puissante nation de
l'honneur qu'elle faisait à l'élu du peuple français. Ce n'était pas, du reste, la seule visite de
têtes couronnées que l'Empereur ait reçues : dès
l'année 1855, il avait été visité, en mai, par le
le roi de Portugal, le duc d'Oporto, le duc et la
duchesse de Brabant; le duc de Saxe-Cobourg-

Gotha en octobre, le roi de Sardaigne en novembre, deviennent les hôtes des Tuileries. On pouvait croire un instant que tous les souverains de l'Europe se donneraient rendez-vous dans ce Paris, où l'autorité, réconciliée avec la liberté, allait devenir le centre d'une pacification générale, sous l'impulsion de l'homme providentiel qui était venu replacer sur sa base la pyramide sociale.

Plus tard, ce furent le grand-duc Constantin de Russie, le roi de Bavière, le roi des Pays-Bas, le roi de Prusse, etc. On voit que les souverains de l'Europe n'ont fait aucune difficulté pour admettre dans leur grande famille le chef que la France s'était donné ; au contraire, chacun a les yeux sur lui et se demande, en présence d'une grande question : « Qu'en pense l'Empereur des Français? »

La clôture de l'exposition fut présidée par l'Empereur lui-même, et elle fut un véritable événement, un des grands événements du nouvel Empire peut-être. Il y avait là, réunie, l'élite de toutes les nations.

L'Empereur prit la parole et prononça un de ces discours qui ont du retentissement dans toute l'Europe : sa parole incisive, claire et franche, se fit entendre à soixante mille hommes qui remplissaient le vaste palais. C'était certainement le plus bel auditoire qu'ait jamais eu un orateur.

L'Empereur se leva donc et prononça le discours suivant, qui ne fut certainement pas étranger à la conclusion de la paix :

« Messieurs,

« L'exposition qui va finir offre au monde un grand spectacle. C'est pendant une guerre sérieuse que de tous les points de l'univers sont accourus à Paris, pour y exposer leurs travaux, les hommes les plus distingués de la science, des arts et de l'industrie. Ce concours, dans des circonstances semblables, est dû, j'aime à le croire, à cette conviction générale que la guerre entreprise ne menaçait que ceux qui l'avaient provoquée ; qu'elle était poursuivie dans l'intérêt de tous, et que l'Europe, loin d'y voir un danger pour l'avenir, y trouvait plutôt un gage d'indépendance et de sécurité.

« Néanmoins, à la vue de tant de merveilles étalées à nos yeux, la première impression est un désir de paix. La paix seule, en effet, peut développer encore ces remarquables produits de l'intelligence humaine. Vous devez donc tous souhaiter comme moi que cette paix soit prompte et durable. Mais, pour être durable, elle doit résoudre nettement la question qui a fait entreprendre la guerre. Pour être prompte, il faut que l'Europe se prononce : car, sans la pression de l'opinion générale, les luttes entre les grandes puissances menacent de se prolonger ; tandis qu'au contraire, si l'Europe se décide à déclarer qui a tort ou qui a raison, ce sera un grand pas vers la solution. A l'époque de civilisation où nous sommes, les succès des armées, quelque brillants qu'ils soient, ne sont que passagers ; c'est, en définitive, l'opinion publique qui remporte toujours la dernière victoire.

« Vous tous donc qui pensez que les progrès de l'agriculture, de l'industrie, du commerce d'une nation contribuent au bien-être de toutes les autres, et que plus les rapports réciproques se multiplient, plus les préjugés nationaux tendent à s'effacer, dites à vos concitoyens, en retournant dans votre patrie, que la France n'a de haine contre aucun peuple, qu'elle a de la sympathie pour tous ceux qui veulent comme elle le triomphe du droit et de la justice ; dites-leur que, s'ils désirent la paix, il faut qu'ouvertement ils fassent au moins des vœux pour ou contre nous ; car, au milieu d'un grave conflit européen, l'indifférence est un mauvais calcul, et le silence une erreur.

« Quant à nous, peuples alliés pour le triomphe d'une grande cause, forgeons des armes sans ralentir nos usines, sans arrêter nos métiers ; soyons grands par les arts de la paix comme par ceux de la guerre ; soyons forts par la concorde, et mettons notre confiance en Dieu, pour nous faire triompher des difficultés du jour et des chances de l'avenir. »

En France, où l'on prise tant une belle parole, on doit être fier d'avoir un souverain qui, à l'action incessante, sait joindre une si éloquente parole. Ce discours n'est pas long, et pourtant il est probable qu'il fit plus avancer les affaires de la France que plusieurs de ces longs et renommés discours qui jadis furent prononcés à la tribune.

CHAPITRE XII.





Le règne de Napoléon III a eu ses prospéri-
tés et ses gloires, surtout si l'on songe à l'anarchie à laquelle il a succédé, mais il a eu aussi
ses épreuves, et il en est sorti toujours victorieux,
ce qui n'est pas son moindre mérite. Il a subi,
en douze ans, l'épreuve du choléra, de la guerre,
des inondations et de quatre années de cherté.
A différentes reprises, les gouvernements qui
l'avaient précédé subirent aussi cette épreuve.
Nous ne voulons pas faire de comparaisons bles-
santes, mais enfin tout le monde se rappelle les
souffrances, les menaces et même les émeutes
dont la disette fut l'occasion en 1847 ; chacun a
encore présent à l'esprit la terrible affaire de
Buzançais. Pourtant dans ce temps, il y avait
une tribune où les orateurs pouvaient user et
même abuser de la parole, il y avait une complète liberté de la presse ; en un mot, toutes ces

choses que certaines personnes semblent tant regretter. Le gouvernement impérial s'est trouvé, lui aussi, à plusieurs reprises en présence de la cherté, eh bien, pas une émeute, pas un mouvement, pas une épée tirée, pas une goutte de sang versée. La France accepte d'un côté avec résignation ses souffrances ; de l'autre, son gouvernement vote des secours, donne une large impulsion à la charité ; puis, il songe à tout : le blé court à toute vitesse, dans la France, afin d'empêcher qu'il ne manque nulle part. Voilà pourtant une chose incontestable, un immense service rendu à la nation qu'il ne faut pas oublier au aujourd'hui que le pain est à bon marché.

Et ce calme n'a pas duré seulement pendant le temps de la cherté, mais il n'a jamais été interrompu, depuis que Napoléon III gouverne. Autrefois, il y avait sans cesse des troubles, des émeutes même, sur une partie ou sur une autre du territoire français ; depuis treize ans, à l'exception d'une misérable échauffourée d'ardoisiers à Angers, en 1856, il n'y a eu rien, absolument rien. Et Paris lui-même, jadis si turbulent, est aujourd'hui aussi tranquille que la plus inoffensive ville de province. Le sergent de ville y est écouté, son autorité respectée ; plus d'une fois il se constitue juge de paix, et ses sentences sont confirmées par la foule, acceptées par les parties. Non, pas de troubles, pas d'émeutes, pas de sang français versé depuis treize ans. C'est pourtant à l'Empereur que l'on est redevable de ce bénéfice d'une paix universelle.

Mais voici un fléau plus terrible encore. En 1856, soudain les rivières et les fleuves débordent, envahissent les champs, les villages et les villes, partout elles renversent et ruinent. C'est une désolation universelle. La Saône, le Rhône et la Loire causent les plus grands ravages. Cependant l'Empereur apprend par le télégraphe les malheurs de son peuple : vite son parti est pris. Le dimanche, après la messe, il sort sans bruit des Tuileries, et il était déjà à Lyon que l'on ignorait encore son départ à Paris. Inutile de dire qu'il avait emporté avec lui tout l'argent dont il pouvait disposer. Monté à cheval, ayant sur le devant de sa selle deux énormes sacoches où il puise l'or à pleines mains, l'Empereur est partout où le danger, la désolation, exercent leurs ravages ; de grosses larmes coulent le long de ses joues, des paroles de consosation, d'encouragement pour les sauveteurs lortent de sa bouche. En sa présence, on n'en peut même croire ses yeux ; il est là presque seul, vêtu d'une simple tunique d'officier et la tête couverte d'un képi. Aussi la foule, attendrie, veut lui baiser les mains et s'écrie : « Oh ! est-il bon ! » De Lyon l'Empereur court à Avignon, où il expose même grandement sa vie pour aller porter des secours à une population qui est menacée d'être engloutie ; il traverse une immense étendue d'eau dans une petite barque qui, dans son chemin, rencontre de temps en temps la cime des arbres, tant l'abîme était profond ; un choc léger contre l'un de ces arbres, et c'en était fait ; mais la Providence, à laquelle il s'est toujours confié, le gardait pour le bien de la France.

Il y a, sur ce voyage de charité de l'Empereur, des anecdotes pleines de charme et d'attendrissement que nous raconterons certainement un jour.

A peine arrivé à Paris, l'Empereur part pour Orléans et Blois. Il ne fait que repasser et court rapidement à Angers, toujours prodiguant l'argent, les consolations, les encouragements et même sa vie. On sait que, quelques mois auparavant, une sorte d'émeute avait eu lieu parmi les ardoisiers des carrières de Trélazé, près Angers ; or, ces ouvriers étaient sans ouvrage ; l'eau remplissait leurs carrières, et ils se trouvaient en quelque sorte dans une île. Le pain était cher, et ils passaient pour n'être pas animés de bons sentiments. L'Empereur sait tout cela, et cependant il veut aller visiter ces ouvriers, malgré les représentations qu'on ne manqua pas de lui faire.

Le voilà monté dans une petite barque, avec le maire d'Angers et deux ou trois personnes, sans aucune espèce d'armes. Il arrive au milieu de cette foule formée en groupes. L'Empereur s'avance avec son air calme et bienveillant : les groupes sont silencieux. Seulement quelques voix font entendre ces paroles à son oreille : « *Le pain à bon marché, le pain à bon marché.* » Lorsqu'il fut au milieu d'eux, il prit la parole à son tour.

— Mes amis, leur dit-il, vous voulez et vous me demandez le pain à bon marché, nul plus que moi ne voudrait qu'il en fût ainsi. Je souffre assez de le voir à un prix si élevé, mais je n'y puis rien ; ici, les hommes sont impuissants. Là-haut, mes amis (montrant le ciel), c'est là-haut qu'il faut demander le pain à bon marché.

A ces mots, il se fait une explosion de bravos, de cris de Vive l'Empereur ! et puis le voilà qui se met à parler avec ces groupes d'ouvriers comme un père qui se trouve au milieu de ses enfants. Sa confiance en eux, sa parole ,avaient gagné leurs cœurs. Ce fut un vrai tonnerre d'acclamations.

Ces milliers d'hommes, dit un témoin oculaire, rangés en amphithéâtre, avec le costume traditionnel, sous les ordres des régisseurs, des clercs d'*à-haut* et des clercs *d'à-bas*, tout cet ensemble présentait un caractère d'une originalité et d'une grandeur incomparables.

Inutile de dire que toutes les demandes qu'on lui adressa pour les présents et pour les absents, furent accueillies avec des paroles pleines d'espoir, qui redoublèrent encore, si c'eût été possible, les éclatants témoignages de la joie que sa présence inspirait. Quelques fragments de schiste ardoisier, comme de rares épaves, avaient survécu au naufrage. On conduisit l'Empereur devant l'un deux, où quatre fendeurs, de la fine fleurs des guêtrés, répartirent une pierre épaisse en moins de temps que nous ne racontons ce fait. Bientôt on obtint une ardoise régulière. Sa Majesté la prit, et, tout en admirant sa qualité, sembla la trouver peu solide ; mais son ingénu interlocuteur, se méprenant, crut que l'on trouvait son œuvre trop matérielle.

— Mon Empereur, dit-il, faites excuse ; je vous la rendrai légère comme une plume et mince comme une dentelle.

Et l'action suivit instantanément la promesse. L'Empereur sourit, brisa le fragile chef-d'œuvre, et, le rendant à son auteur en deux morceaux, les accompagna pour lui et ses compagnons d'une marque de souvenir qui ne sera pas oubliée de longtemps.

— Que cette visite a fait de bien ! disait le

même témoin oculaire. Il faut voir comme nos ouvriers travaillent avec courage et gaieté. Malgré leur récente épreuve, ils ont trouvé plus de bons mots depuis six jours qu'il ne leur en était échappé depuis six mois.

## CHAPITRE XIII

**Naissance du Prince Impérial.
Cérémonies du Baptême. — L'Œuvre
du Prince Impérial.**

Le ciel avait exaucé les prières de l'Empereur,
de l'Impératrice et les vœux de la France : un
fils leur fut donné le 16 mars 1856, et il fut déclaré *Enfant de France*. Les douleurs de l'Impératrice furent longues ; Paris attendait avec
impatience sa délivrance : naturellement on dé-
sirait un fils ! Toutes les oreilles étaient tendues
du côté des Invalides, pour savoir si l'on tirerait
cent coups de canon. Cependant la journée était
passée et le canon n'avait pas parlé. La foule
stationnait dans le jardin des Tuileries ; elle y
resta jusqu'à trois heures du matin, heure où
vint au monde l'enfant impérial. Alors, un des
dignitaires de la maison de l'Empereur prit un
chapeau, se plaça à une fenêtre fort éclairée et
le montra à la foule : elle comprit que c'était un
fils, et une exclamation générale fit retentir les

cris de : Vive le Prince Impérial ! L'enfant fut
ondoyé le lendemain, jour des Rameaux, dans
la chapelle des Tuileries, sous les yeux de l'Empereur, qui suivit avec une attention toute paternelle les plus menus détails de cette cérémonie,
qui faisait chrétien son fils bien-aimé !

La grande cérémonie du baptême eut lieu
trois mois après, le 16 juin, dans l'église métropolitaine de Paris, et fut présidée par le cardinal
Patrizi, qui représentait le Saint-Père comme
parrain du futur héritier de la couronne de
France.

A peine le prince était-il né, que l'Empereur
fait demander pour lui, par le télégraphe, une
première bénédiction à Pie IX. Cette bénédiction était arrivée à Paris avant le jour.

L'empereur eût pu choisir quelque puissant
souverain de l'Europe pour tenir son fils sur les
fonts baptismaux, il aima mieux choisir le chef
vénéré de la religion, le vicaire de Jésus-Christ.
Aussi le Prince Impérial porte-t-il le nom de son
parrain, qui s'appelle Jean, et il reçut au baptême les noms de Napoléon-Louis-Eugène-Jean-
Joseph. Ce dernier est celui de sa marraine, la
reine de Suède, cousine de l'Empereur.

La Ville de Paris, selon l'usage qui est son
privilége, offrit le berceau pour l'enfant impérial. La maison des Enfants de France fut con-

stituée et composée par mesdames l'amirale
Bruat, gouvernante, Bizot et de Brancion, sous-
gouvernantes, toutes trois veuves de héros de
l'armée d'Orient.

Le prince impérial fut inscrit comme enfant
de troupe au 1ᵉʳ régiment de grenadiers de la
garde impériale.

L'Impératrice voulut qu'à côté des réjouissances officielles qui fêtèrent la naissance du
prince, il y eût aussi des réjouissances domestiques. Elle fit distribuer d'abondants secours,
envoya de nombreux dons à tous les établissements de bienfaisance. Les enfants nés le
même jour que le prince impérial devinrent les
filleuls de l'Empereur et de l'Impératrice ; des
livrets de la caisse d'épargne furent inscrits au
nom de ceux de ces enfants qui appartenaient à
des familles pauvres.

Plus tard, une création touchante, celle de
l'Orphelinat du Prince Impérial, vint assurer à
ses jeunes pupilles un apprentissage et des soins
éclairés.

Quelques jours après la naissance du Prince,
des hommes de bonne volonté organisèrent une
souscription dans le but d'offrir à l'enfant impérial une demeure digne de lui, comme cela
s'était pratiqué à l'égard du duc de Bordeaux,
auquel on offrit Chambord. La souscription

était de cinq à vingt-cinq centimes ; il était défendu de dépasser ce dernier chiffre. Les dons
vinrent si rapidement, qu'en quelques jours seulement les sommes recueillies à Paris s'éle-
vèrent à environ 80 000 francs. L'Empereur,
en ayant entendu parler, fit remercier ceux qui
avaient pris l'initiative, et comme son cœur est
toujours porté vers les classes populaires, ce fut
l'occasion de faire une de ces grandes charités
comme il en sait faire : il décida que chaque
année il ajouterait au revenu de ces 80 000 francs
30 000 francs de rente, et que cette somme serait consacrée à venir en aide aux orphelins de
père et de mère du département de la Seine.
Ainsi fut fondé l'*Orphelinat du Prince Impérial*.
Ce n'est pas tout. Un si bel exemple devait nécessairement trouver des imitateurs dans toutes
les parties de l'Empire ; chacun voulut avoir sa
part dans une si bonne œuvre. Alors on vit une
de ces choses touchantes, que, grâce à Dieu, on
voit de temps en temps en France : toutes les
classes voulurent faire leur offrande. L'on
compte sur cette liste, dit un rapport, de hauts
fonctionnaires, des étrangers de distinction,
des officiers supérieurs, de simples soldats, de
petits employés, des industriels, des représentants des tribunaux et des chambres de commerce, le conseil général du département de

Vaucluse, des ecclésiastiques, des magistrats, des membres de l'Université et des différents cultes. Des souscripteurs de tout âge et de toutes classes, et jusqu'à de pauvres femmes y ont pris part. Mais les dons qui nous ont le plus vivement touchés sont ceux qu'apportaient, de tous les points de l'Empire, les élèves des lycées et des écoles communales ; pieuse offrande inspirée par la charité, témoignage éloquent des sentiments dont est animée cette jeune génération qui grandit dans le culte des devoirs chrétiens et de la reconnaissance envers l'élu du pays.

Si bien que ces sommes ont dépassé deux cent mille francs, lesquels, ajoutés aux quatre-vingt mille francs recueillis d'abord, aux trente mille francs remis annuellement par l'Empereur, assurent aujourd'hui la vie et un avenir à deux cent treize pauvres petits orphelins de Paris. Voilà ce qu'a fait la charité du souverain et de ses sujets.

C'est toujours un grand malheur pour un enfant d'avoir perdu son père et de n'avoir plus de mère, mais c'est plus triste encore à Paris, au milieu de ce vaste désert d'hommes, où le pauvre enfant se trouve comme perdu ; personne pour l'aimer. Hélas ! il ne connaîtra jamais les douces joies de la famille, les effusions du cœur maternel, mais l'Empereur y a pensé, et l'orphelin a aujourd'hui une famille. Chaque enfant adopté est placé dans une brave famille d'ouvriers qui l'aime, qui l'envoie à la classe, qui lui fait faire sa première communion, qui le place plus tard en apprentissage. Cette famille reçoit de l'œuvre une pension annuelle. Hâtons-nous de dire que beaucoup ont voulu avoir leur part dans cette charité et se contentent souvent de deux cents francs, même de cent francs. Ici la contagion de la charité a été si grande que tout le monde en a eu sa part. L'agent de change qui achète les rentes pour l'Orphelinat n'a jamais voulu rien percevoir sur ses honoraires. Heureux les peuples qui ont des souverains qui savent donner le bon exemple!

D'un autre côté, dans chaque arrondissement, est une Commission de surveillance; elle prend des renseignements sur les familles qui demandent à adopter un enfant, elle le visite, elle peut arriver à toute heure à la maison, à la classe, à l'atelier : elle s'assure si l'enfant est bien, si les conditions du contrat d'apprentissage sont fidèlement remplies; elle dirige le jeune enfant dans le choix d'une profession, le patronne encore quand il est devenu un ouvrier. Ainsi s'établissent entre les classes populaires et les classes riches ces relations bienfaisantes qui font que l'on se connaît mieux et que l'on s'aime davantage. Nulle œuvre n'était plus propre à attirer la bénédiction céleste sur l'enfant bien-aimé de Napoléon III.

Le Prince Impérial fut donc baptisé le 15 juin 1857, à Notre-Dame de Paris. Depuis longues années jamais si belle cérémonie ne s'était vue. Près de quatre-vingts évêques en chape, la mitre sur la tête et la crosse à la main, assistaient à la cérémonie. Depuis le palais des Tuileries jusqu'à la métropole, les rues étaient occupées par une foule immense qui faisait retentir l'air de ses acclamations. Mais le plus beau moment fut celui où, après le baptême, l'Empereur, d'après le cérémonial, prit dans ses bras le nouveau chrétien, l'éleva au-dessus de sa tête et le présenta au peuple. Alors le grand maître des cérémonies se place au milieu du chœur, agite son chapeau et crie : Vive le Prince Impérial! La foule qui remplit la vaste basilique répète ce cri. Le canon tonne au dehors, la musique retentit : c'était grand, magique ; l'Empereur rayonnait de bonheur. En effet, il devait être heureux ; le ciel lui avait donné un fils, et la prière des petits orphelins protégeait ce fils chéri.

S. A. LE PRINCE IMPÉRIAL

# CHAPITRE XIV.



**Sociétés de secours mutuels. — Caisse des retraites. — Attentat du 14 janvier 1858. — Asiles de Vincennes et du Vésinet.**

Puisque nous sommes en train de parler du bien que fait l'Empereur, continuons. Hélas ! l'espace ne nous permettra jamais de dire tout.

*Ce que vous donnez aux pauvres, vous me le donnez,* dit le Christ, et c'est sous l'invocation de cette divine parole que Leurs Majestés présentent à tous de grands exemples de charité.

Les humbles, les souffrants, telle est la préoccupation constante de l'Empereur et de l'Impératrice. Sous leur main protectrice, la prévoyance va au-devant de toutes les misères.

La transformation successive des établissements d'assistance publique, l'organisation du traitement des malades à domicile, des sociétés de secours mutuels, ont plus fait en quelques années pour les classes populaires que les gouvernements qui se sont succédé depuis le premier Empire.

Dans le précédent chapitre, nous avons parlé des orphelins. Parlons maintenant du bien fait par l'Empereur à la classe ouvrière, aux malades et aux vieillards. Comme on l'a si bien dit, Napoléon III, secondé des classes riches, des chefs d'industrie, des ouvriers eux-mêmes, s'efforce de diminuer la misère, d'honorer et de féconder le travail, et de mettre la dignité et la sécurité de la vie à la portée du plus grand nombre. Son vœu, et c'est un vœu tout chrétien, est qu'en France aucune faiblesse ne soit sans appui, aucune maladie sans secours, aucune sépulture sans honneurs. C'est pour cela qu'il a créé, qu'il développe et qu'il encourage la grande institution des Sociétés de secours mutuels.

Savez-vous, cher lecteur, ce que c'est qu'une Société de secours mutuels ? C'est une Société qui donne des secours aux ouvriers malades, leur paye leur journée comme s'ils travaillaient, leur envoie un médecin, leur fournit des médicaments, acquitte les frais de leur sépulture, ou fait une pension aux vieux ouvriers, aux vétérans du travail, sans parler du bien qu'elle fait encore aux veuves et aux orphelins, et cela à l'aide d'une légère cotisation mensuelle de la part de ses membres et de grosses sommes que donne le gouvernement chaque année, afin d'encourager les gens de bonne volonté. Il y a aujourd'hui, en France, 4 582 Sociétés de secours mutuels, comprenant 639 044 membres. L'avoir de ces Sociétés, y compris le fonds des retraites, s'élève à la somme totale de 30 736 244 francs. Quelle ressource pour les besoins! Voilà ce qui s'appelle faire de la charité en grand, et de la bonne charité, puisqu'elle consiste à faire que chacun s'aide, afin que Dieu et les hommes l'aident. Malheureusement, ces Sociétés ne sont pas encore assez répandues : il devrait au moins y en avoir une par chaque commune. C'est à ceux qui ont plus d'autorité, d'esprit et d'influence, de seconder les bonnes pensées de leur souverain. Nous les signalons surtout aux maires, aux curés, aux instituteurs, aux chefs d'industries, à tous les gens de cœur, car, hélas! partout la maladie sévit, partout la vieillesse ne manque jamais de venir, et tout le monde n'est pas riche, il s'en faut. Il y a donc là une ressource assurée pour deux grandes souffrances : la vieillesse et la maladie, et tout homme de cœur y doit songer. On ne s'occupe pas assez de la vieillesse. Un homme a travaillé quarante ans et même cinquante ans de sa vie, il a élevé sa famille avec bien de la peine ; mais les années sont venues, ses membres refusent le travail, son corps s'incline déjà vers la terre, ses enfants même peuvent rarement faire quelque chose pour lui, en supposant qu'ils en aient la volonté ; ils sont souvent eux-mêmes chargés de famille. Voilà donc ce pauvre homme, ce vétéran du travail, réduit à pâtir de besoin, à tendre la main pour achever de vivre. Oh ! c'est déchirant ! Et pourtant nous avons tous vu, nous voyons encore dans nos campagnes de ces braves ouvriers, honnêtes gens, bons travailleurs, qui finissent par là. Vraiment, c'est peu encourageant, c'est une honte. Un vieillard, cet être toujours vénérable, ce front chargé de cheveux blancs et sur lequel déjà se projette la lumière d'une autre vie, réduit à tendre la main, à souffrir de la faim ! Il lui reste pourtant si peu de jours à vivre ! Cela ne se devrait plus voir, oh ! non, plus jamais.

Pour arriver à ce but, il suffit d'entrer dans les pensées généreuses de l'Empereur et de fonder partout des Sociétés de secours mutuels, puisqu'elles peuvent rendre tant de services, sans compter qu'elles peuvent rendre meilleurs leurs membres eux-mêmes. Le rapport général de cette année contient en ce genre les choses les plus touchantes, nous ne pouvons résister au désir d'en citer un passage.

« Les rapports des préfets et des présidents signalent encore de nombreux faits qui font le plus grand honneur aux sociétés de secours mutuels, mais que les récompenses ne peuvent atteindre, car ils ne viennent pas d'un seul homme, mais d'une société tout entière. Dans plusieurs associations, la caisse des orphelins est alimentée par une cotisation spéciale ; des écoles gratuites sont ouvertes aux enfants des sociétaires ; le patronage est organisé pour les apprentis ; des cours pratiques et une bibliothèque sont à la disposition des ouvriers ; ici, une société adopte un pauvre enfant sur la tombe de son père qu'elle a secouru pendant une longue maladie ; elle s'en fait la tutrice et la mère, et lui ouvre, par la bonne éducation qu'elle lui procure et par l'influence de ses membres honoraires, une carrière plus brillante et plus belle que celle que pouvait promettre sa famille. Là, un jeune homme, membre d'une société de marins, est frappé d'une crise longue et violente d'aliénation mentale ; le veilleur que lui assurent les statuts de sa société ne suffit pas pour le retenir dans ses accès, et chaque jour et chaque nuit quatre ou cinq de ses camarades veillent ensemble sur lui.

« Pendant un mois, presque la société tout entière a passé autour de son lit, et chacun des matelots, ses associés, oubliant son bateau et sa pêche, sa seule fortune, est venu, avec un zèle qui ne s'est jamais démenti, arrêter les violences, calmer les égarements du pauvre malade, et consoler ses moments lucides par la présence et les paroles d'un ami.— Ailleurs, un associé meurt, laissant pour toute fortune à sa veuve et à ses nombreux enfants des affaires embarrassées, des travaux interrompus, un héritage de difficultés et de misère ; la société ne secourt pas seulement la mère et les enfants, elle désigne les plus intelligents, les plus expérimentés de ses membres, qui passent des journées à apurer les comptes, à liquider la situation, à faire achever les travaux, et parviennent à retrouver une honnête aisance pour la famille qui se croyait ruinée.

« Dès qu'une catastrophe est connue, dès qu'un appel est fait à la charité pour les victimes d'une inondation, d'un incendie, un grand nombre de sociétés répondent par l'envoi d'un secours : elles ont souscrit pour les blessés, pour les ouvriers sans travail ; et si les règles d'une bonne administration leur interdisent de puiser pour leurs bonnes œuvres dans la caisse commune, qui est la propriété de leurs malades, une quête se fait à l'assemblée générale, chacun y apporte son don volontaire, car il sent le besoin de faire retomber sur les infortunes étrangères quelque chose de cet appui, de ce secours qu'il trouve lui-même dans son association. »

Voilà ce que les classes populaires et aussi les classes riches doivent à l'Empereur, car faire du bien aux uns, en faire faire aux autres, c'est travailler efficacement à les rendre tous meilleurs et plus heureux.

Malgré tant de bienfaits il s'est trouvé des hommes animés contre lui et contre la France d'une haine infernale qui n'ont pas reculé devant le plus horrible des attentats. Hâtons-nous de dire que nul n'était Français. C'était le 6 janvier 1858, l'Empereur et l'Impératrice se rendaient à l'Opéra vers neuf heures du soir. Les voitures étaient à peine arrivées, que, dit l'auteur des *Portraits historiques,* « l'on entendit une effroyable détonation, la voiture impériale est ébranlée dans toute sa membrure par un choc violent, une fumée épaisse monte le long des maisons; parmi la foule rassemblée sur le passage de Leurs Majestés éclatent des cris d'effroi et de douleur. Au même moment, une seconde, une troisième explosion se succèdent ; tout fuit, tout tombe, la rue est jonchée de blessés et de mourants comme un champ de bataille. Des éclats de fer pleuvent autour de l'Empereur et de l'Impératrice, teints du sang de leurs serviteurs. La voiture semble se déchirer sous une étreinte formidable. Une indicible angoisse suspend toute autre sensation.

« Quelle catastrophe se prépare, quel volcan va faire éruption ? Puis aussitôt la pensée de préserver l'homme sur qui reposent les destinées du pays et sa noble compagne s'empare de tous les esprits. Officiers de la cour, soldats, ouvriers, sergents de ville, se précipitent pour leur faire un rempart de leurs corps. On supplie l'Empereur de retourner sur ses pas, de ne point pénétrer dans le théâtre où quelque machine infernale l'attend peut-être pour achever le crime qui a échoué au dehors.

« — Montrons-leur que nous sommes plus braves qu'eux ! s'écrie l'Impératrice. »

Et, d'un pas ferme, elle accompagne l'Empereur dans la loge impériale, où ils sont accueillis par le plus chaleureux enthousiasme. Alors elle s'aperçoit que sa robe est déchirée et sanglante, triste appel des victimes tombées autour d'elle et qu'elle n'a pas oubliées. L'héroïque Impératrice et l'Empereur envoient leur suite s'informer de l'étendue des malheurs, du nom et de la position de ceux qui ont été frappés.

Mêlés à la population pressée sur les trottoirs, les assassins avaient lancé trois bombes, qui causèrent d'affreux ravages. Leurs Majestés furent visiblement l'objet de la protection divine. La voiture impériale avait été criblée par les éclats de la première bombe. L'Empereur avait

eu le chapeau traversé par un projectile et une
légère blessure au visage. L'Impératrice avait
été également atteinte, quoique légèrement, à la
tempe.

Le général Roguet, qui se trouvait dans
la voiture impériale, reçut une blessure dont la
gravité ne se révéla que plus tard. Des deux
chevaux attelés à la voiture impériale, l'un avait
été tué sur le coup, l'autre, frappé au poitrail,
dut être abattu dans la nuit.

La première pensée de l'Empereur fut pour
les blessés, dont il ne cessa de s'enquérir. La
nouvelle de l'attentat s'étant répandue dans la
salle, où on avait cru simplement à une explosion de gaz, la terreur et la colère s'emparèrent
de tous. Mais l'Empereur, conduisant l'Impératrice, paraît dans sa loge, et une explosion immense d'enthousiasme part de tous les points de
la salle. Il n'y avait là qu'un seul sentiment,
qu'une seule pensée et aussi qu'une seule conviction, celle que le salut de l'Empereur est le
salut de la France.

Leurs Majestés restèrent au théâtre une
grande partie de la représentation. L'Impératrice était impatiente d'aller embrasser son fils
et de remercier Dieu de la protection dont il l'a-
vait couverte. Ces actions de grâces, elle ne les
différa pas, et, en rentrant aux Tuileries, elle

prit son fils dans ses bras, associant ainsi l'innocent enfant à sa prière.

Le lendemain, l'Empereur et l'Impératrice se rendirent à l'hôpital du Gros-Caillou pour y visiter les blessés qui avaient fait partie de l'escorte, ils parcoururent ensuite seuls les boulevards, où ils reçurent l'accueil le plus enthousiaste.

L'Impératrice ne cachait plus sa tristesse à la population qui la contemplait en exaltant son courage. Elle eût voulu pouvoir racheter tant d'existences détruites, et son émotion fut telle, en revoyant les lieux témoins de l'épouvantable événement, qu'elle fut obligée de s'appuyer sur le bras de l'Empereur : la tendre faiblesse de la femme reprenait ses droits.

L'Impératrice pria pour les coupables et sollicita la grâce de la vie pour eux. Le matin même du jour où ils expièrent leur crime, Sa Majesté entendit la messe dans sa chapelle et pria pour le repos de leurs âmes, en prenant la résolution de secourir leurs veuves et leurs enfants, dont le malheur lui semblait le plus grand de tous, le plus irréparable.

On sait que les assassins étaient Italiens ; leurs noms étaient Orsini, Pieri, de Rudio et da Silva. Les trois premiers furent condamnés à mort, le dernier aux travaux forcés à perpétuité. L'Empereur fit grâce à Rudio : sa peine fut commuée en celle des travaux forcés...

Ce que Paris a ressenti, à la nouvelle, les provinces le ressentirent aussi vivement. De tous côtés arrivèrent des adresses des villes, des campagnes, des plus petites communes de l'empire : on vit une fois de plus combien Napoléon III est populaire en France. Quant à l'Empereur, au milieu de tous ces événements, si monstrueux, il reste le même, toujours calme et toujours grand ; son âme se révèle tout entière dans la fin du discours qu'il prononça le 17 janvier, lors de l'ouverture des Chambres :

« Je ne puis terminer sans vous parler de la criminelle tentative qui vient d'avoir lieu. Je remercie le Ciel de la protection visible dont il nous a couverts, l'Impératrice et moi, et je déplore qu'on fasse tant de victimes pour attenter à la vie d'un seul. Cependant ces complots portent avec eux plus d'un enseignement utile : le premier, c'est que les partis qui recourent à l'assassinat prouvent par ces moyens désespérés leur faiblesse et leur impuissance ; le second, c'est que jamais un assassinat, vînt-il à réussir, n'a servi la cause de ceux qui avaient armé le bras des assassins. Ni le parti qui frappa César, ni celui qui frappa Henri IV ne profitèrent de leur meurtre. Dieu permet quelquefois la mort du juste, mais il ne permet jamais le triomphe de la cause du crime. Aussi ces tentatives ne peuvent troubler ni ma sécurité dans le présent, ni ma foi dans l'avenir : si je vis, l'Empire vit avec moi, et si je succombais, l'Empire serait encore affermi par ma mort même, car l'indignation du peuple et de l'armée serait un nouvel appui pour le trône de mon fils.

« Envisageons donc l'avenir avec confiance, livrons-nous sans préoccupations inquiètes à nos travaux de tous les jours pour le bien et la grandeur du pays. *Dieu protége la France!* »

Mais laissons ces tristes faits, et terminons ce chapitre par des choses plus consolantes ; revenons au pays de la charité et des bonnes œuvres, il y fait bien meilleur. Il est une des œuvres de l'Empereur surtout que nous ne pouvons ni ne voulons passer sous silence, c'est la Maison de convalescence de Vincennes, et l'Asile des invalides du travail, au Vésinet.

Les invalides de l'armée ont leur magnifique hôtel, où ils achèvent en paix leur glorieuse vie ; c'est bien, nous ne nous en plaignons pas ; mais le travail est une lutte aussi : il a ses dangers, ses blessures ; il vous rend parfois un pauvre corps meurtri, broyé. Alors, que devenait autrefois ce malheureux ouvrier, souvent jeune encore, mais réduit à l'impuissance de travailler ? Hélas ! il souffrait d'abord, puis il fallait mendier ! Voilà quel était le sort de ces hommes qui avaient contribué à asseoir sur leur base, ces monuments qui sont une gloire pour la France. Le cœur de l'Empereur a aussi songé à cette classe, si digne d'intérêt. Aujourd'hui, le travail, aussi bien que l'armée, a son hôtel des invalides : l'un est à Paris, l'autre au Vésinet, dans un lieu charmant, avec un air pur. Là, les blessés, entourés de tous les soins, achèvent leur existence en bénissant la main qui leur a assuré ce refuge.

Parlons maintenant de la Maison de Vincennes ; elle est ouverte aux convalescents. L'ouvrier malade va à l'hôpital. C'est bien, mais c'est déjà pénible pour lui de quitter sa famille. Or, le jour où il sort de l'hôpital, il lui faudrait un peu de bonne nourriture, un peu de bon air, et surtout du repos. Mais rentré chez lui, dans sa pauvre mansarde, il ne trouve aucune de ces choses ; son absence, au contraire, y a fait la souffrance ; aussi voit-il sa santé se détériorer et la vieillesse venir avant le temps. Aujourd'hui, il n'en est plus ainsi : au sortir de l'hôpital, on le transporte à Vincennes. Là, il trouve une bonne nourriture, du bon air, un calme profond ; puis il revient à Paris parfaitement guéri, et reprend ses travaux avec vigueur et courage.

Voilà ce que l'Empereur a fait pour la classe ouvrière de Paris, ce qu'il voudrait faire pour toutes les classes ouvrières de France.

Aussi le ministre de l'intérieur, dans le discours d'inauguration, s'écriait avec vérité :

« Si parmi nos populations il en est une qui doive plus vivement partager ces sentiments de reconnaissance nationale, c'est la population ouvrière de Paris. Aux bienfaits généraux dont elle prend sa part, l'Empereur ajoute sans cesse des bienfaisances spéciales ; pour elle, comme pour les autres, l'Impératrice patronne les sociétés de charité maternelle, les crèches, les salles d'asile ; l'Empereur protége et subventionne les Sociétés de secours mutuels, la Caisse de la vieillesse, etc. Mais pour elle spécialement, l'Impératrice a voulu que les 600 000 francs, prix du collier de diamants que la ville lui offrait à l'occasion de son mariage, fissent les frais d'un orphelinat de jeunes filles.

« Pour elle, l'Impératrice encore, à l'occasion de la naissance de son fils, a fondé cette touchante institution de l'Orphelinat impérial, où le pauvre enfant de l'ouvrier mort avant le temps, trouve chez un autre ouvrier une seconde famille et y apporte quelque aisance avec lui ;

« Pour elle, pour ses enfants malades, l'hôpital Sainte-Eugénie s'est élevé au faubourg Saint-Antoine ;

« Pour elle, l'Empereur, voulant combattre la cherté croissante de loyers, a consacré aux cités ouvrières, aux logements d'ouvriers, des primes considérables, en a fait lui-même bâtir de ses deniers ;

« Pour elle ont été construits les bains et lavoirs de la rue du Temple ;

« Pour elle encore a été créée et se développe chaque jour cette bienfaisante et morale institution des secours à domicile, qui, au lieu de laisser porter à l'hôpital l'ouvrier malade, le soutient et le fait soigner au sein de sa famille ;

« Pour elle, depuis deux ans, l'Empereur et l'Impératrice ont fondé et entretenu ces nombreux fourneaux économiques qui, sur tous les points de Paris, desservis par les pieuses sœurs de Saint-Vincent-de-Paul, livraient à bas prix, durant tout l'hiver, des aliments sains et abondants ;

« Pour elle a été établie cette Caisse de la boulangerie qui, afin de tempérer dans ces quatre dernières années l'excessive cherté du pain, n'a pas craint de faire à la population, sur l'espoir de meilleures récoltes, une avance de plus de 50 millions.

« Pour elle, enfin, vient de se bâtir ici l'Asile impérial des convalescents, et s'élève au Vésinet celui des invalides du travail.

« Je me complais, messieurs, à énumérer ces bienfaits ici même, où, sur ces terrains choisis par l'Empereur, donnés par lui, nous avons édifié et nous inaugurons par son ordre l'un des plus magnifiques et des plus utiles monuments de sa sollicitude pour les classes laborieuses. »

## Portrait de l'Empereur.—Sa journée.

J'ai dit les faits; arrivons maintenant à la personnalité; chacun sera bien aise de la connaître. Du reste, les actes d'un homme révèlent déjà le fond de son âme; mais on est enchanté de voir de près, de savoir des détails sur une vie qui occupe une si grande place dans le monde. Aussi, partout en France, vous entendez répéter cette parole : Avez-vous vu l'Empereur? Connaissez-vous l'Empereur? Oh ! que je voudrais bien connaître l'Empereur!... Et si quelqu'un répond : Oui, je l'ai vu, et j'ai l'honneur de le connaître; alors c'est une véritable avalanche de questions : « Comment est-il? est-il grand? se porte-il bien ? paraît-il déjà âgé? il doit avoir un air affable? il ne doit pas avoir peur, celui-là? » On adresse même cette question : A-t-il l'air content?

Ce désir est bien légitime; il est trop juste que chacun connaisse celui auquel il a confié

les destinées ds la France et qui l'a retirée de si
grands périls, qu'aujourd'hui, qu'ils sont passés,
on a de la peine à y croire.

Eh bien ! nous allons répondre à ces légitimes
désirs ; c'est, du reste, tout le but de cet ouvrage.

Napoléon III a une de ces physionomies
expressives vivement dessinées, qui, comme
toutes les physionomies napoléoniennes, ne
s'oublient jamais une fois qu'on les a vues. Ses
grands traits semblent ciselés par le travail des
fortes pensées, d'une volonté énergique et aussi
de la souffrance, car l'Empereur a beaucoup
souffert dans sa vie.

On sait que Napoléon III est né en avril 1808 ;
il est donc dans sa cinquante-sixième année. Sa
santé est bonne, à part quelques migraines et
des rhumatismes, vieux souvenirs de la prison
de Ham, elle semble même se fortifier. Il paraît
être dans la force de l'âge, et tout promet encore à la France de longues années d'un règne
si nécessaire à la paix du monde ; ses cheveux
et sa barbe commencent à peine à grisonner ;
sa barbiche, qu'il porte très-longue, et que l'on
retrouve sur tous les portraits, le fait facilement reconnaître. Sa taille est au-dessus de la
moyenne, mais il a le buste très-grand, aussi
est-il un magnifique cavalier ; nul ne sait mieux

que lui monter un cheval ; on peut dire, sans flatterie, qu'il est certainement le plus beau cavalier de son Empire, surtout quand il salue avec son gracieux et tout amical sourire, qui fait dire à la foule : « Voyez comme il a l'air bon ! on disait qu'il n'était pas beau, quelle fausseté, il est charmant. »

Ce qui frappe, dès le premier abord, dans Napoléon III, c'est un inexprimable mélange de simplicité et de grandeur, qui fait que l'on aime la personne et qu'on se sent plein de respect pour le souverain. Il est toujours le même. Le même dans sa vie privée et le même dans les pompeuses cérémonies, sur le trône. Il était le même dans sa prison qu'il est aujourd'hui aux Tuileries... Toujours simple, affable et toujours digne. Pour être grand, il n'a pas besoin de changer, de se mettre en quelque sorte sur la pointe des pieds, il lui suffit d'être lui-même.

Partout vous le retrouvez le même, dans ses discours, dans ses écrits ; c'est à lui qu'on peut appliquer en toute vérité cette parole : Le style c'est l'homme.

Dans le temps où la malice humaine refusait tout au Président de la République, même de l'esprit, il y eut des gens qui l'accusèrent de faire faire ses discours, oh ! c'était ne pas le connaître du tout. Ses discours sont lui-même tout entier. On le voit, on le sent vivre dans sa parole, de sa vie ordinaire.

Il en est de même dans ses écrits, car il faut que vous sachiez que Napoléon III est un grand écrivain ; de ce côté encore, si besoin en eût été, il eût pu se faire une renommée. Dans ses œuvres, qui ont été publiées en quatre volumes, on retrouve sa pensée nette et forte, son style d'acier qui marche droit et vite à son but. Aujourd'hui, quand les occupations du gouvernement le lui permettent, l'Empereur travaille à la vie de Jules César.

On a dit que sa figure était impassible et froide, qu'elle ne révélait rien de ce qui se passe dans son âme. C'est complétement inexact : au contraire, son visage annonce l'expression d'une grande bienveillance. Pour parler ainsi, il faut ne l'avoir jamais vu de près, ne l'avoir jamais entendu parler. La bonté de son âme se révèle bientôt, dans son regard et dans son sourire. Du reste, c'est un homme de cœur, de charité, et l'Écriture sainte dit que les vertus de l'homme montent toujours à son visage.

Seulement, il faut le dire, il y a comme deux temps dans la physionomie de l'Empereur, il y a le temps du repos, et le temps de l'action.

Dans le premier, on voit sur sa figure le calme de la tranquillité, l'expression d'une âme qui se possède, et encore, examinant de près, on voit l'expression de la pensée qui travaille dans ce vaste cerveau.

Dans le temps de l'action, il y a en lui une plénitude extraordinaire de vie, tout parle, ses lèvres, son regard, sa main, je crois même sa barbe, et tout cela est secondé de phrases brèves fortement accentuées, burinées en quelque sorte comme dans l'airain et qui tombent comme des coups de marteau les unes sur les autres pour enfoncer irrésistiblement la pensée dans les intelligences ; quand il a donné une seule raison à sa façon, on est tenté de dire : j'en ai assez, cela suffit. Les pensées semblent bouillonner dans son âme et vouloir sortir toutes à la fois, mais elles ont affaire à un maître qui les domine, et les tire une à une, du bon trésor de son cœur, et dans l'ordre qu'il entend.

C'est que l'Empereur a commencé sa royauté, en ce monde, par posséder un empire absolu sur lui-même, ce qui, au rapport de l'Écriture sainte, est plus que de gagner des batailles. Il se possède et il possède toute sa pensée, il n'en laisse voir que ce qu'il veut. A une haute intelligence, il réunit un don rare en ce temps-ci où les caractères ont tant faibli, il a de la volonté, il sait vouloir. Pour lui, *vouloir c'est pouvoir*, est une réalité. Or, ce don est une vraie royauté ;

ne fût-il pas souverain, ce serait encore assez pour le faire grand parmi les hommes.

Cette force de volonté n'est ni violence, ni entêtement, il recule sans difficulté quand on lui montre un meilleur chemin à suivre, il n'est ni emporté ni bruyant. Si on lui raconte une chose blessante, il sourit doucement ou il laisse échapper une petite phrase spirituellement gauloise, voilà toute sa vengeance.

Ce calme, cet aplomb, étonne et déconcerte les plus habiles ou les plus hardis. Que voulez-vous faire à un homme qui vous écoute avec attention et qui ne se fâche nullement alors même que vous le blessez ?

Pendant sa première présidence de la République, le Prince visitait une grande ville de France ; il reçut le Conseil municipal ; or, il y avait dans ce conseil pas mal de ces gens qui se croient créés et mis au monde pour régénérer les nations et donner des leçons aux chefs des peuples. Ils mirent donc dans la bouche du maire un discours qui frisait d'assez près l'impertinence, et dans lequel on indiquait sans façon, au Président de la République, la manière de gouverner la France et les devoirs qu'il avait à remplir. Le Prince écouta ce discours avec attention et avec tout son calme habituel.

Quand il fut fini, chacun attendait la réponse

avec impatience, on l'attendait vive, violente, compromettante peut-être..., et on fut bien trompé : le Président salue avec politesse l'aréopage municipal, lui tire même sa plus belle révérence, mais en demandant : *Par où s'en va-t-on*, et le voilà parti laissant l'assemblée tout ébahie et fort déconcertée, sans compter qu'ensuite les moqueries tombèrent en vraie pluie sur le brave Conseil municipal.

Le calme de l'Empereur lui vient de sa profonde connaissance des hommes, surtout de son courage. Oh ! celui-la n'a pas peur. Sous ce rapport, comme sous bien d'autres, l'Empereur est Français ; bien habile serait l'homme qui aurait saisi chez lui le plus petit signe de peur. La peur et lui ne se connaissent pas. C'est l'homme sans peur par excellence. Il est bien trop hardi, disent ceux qui sont chargés de veiller sur une vie si précieuse pour la France. Vouloir l'effrayer, c'est perdre son temps et doubler son courage, si c'était possible.

L'année dernière, l'inauguration du boulevard du Prince Eugène n'eut pas lieu le jour fixé, à cause du séjour de la cour à Compiègne. Le bruit se répandit tout à coup que c'était parce l'on avait eu peur d'un attentat. L'Empereur en entendit parler, et le lendemain le *Moniteur* annonçait que tel jour, à telle heure, il inaugurerait ce boulevard. Et ce jour-là, on le vit radieux, au milieu des masses, toujours en avant et détaché de son cortége, plein de confiance dans son peuple; aussi fut-il couvert d'acclamations.

Ce courage de Napoléon III est effrayant, surhumain. On sait qu'un misérable Italien essaya, en 1855, d'attenter aux jours de l'Empereur en lui tirant un coup de pistolet, dans l'avenue des Champs-Élysées. Eh bien, un homme vit l'Empereur hausser les épaules de pitié, en présence de ce scélérat qui l'ajustait. Et cet homme, qui vit partir le coup, crut l'Empereur blessé; il n'en était rien. A ce moment, au milieu de la foule émue, bouleversée, il avait son calme habituel.

Le lendemain de l'horrible attentat de l'Opéra, l'Empereur assistait à une messe d'actions de grâces. Impossible de surprendre dans sa physionomie le plus petit changement. Une seule chose le toucha beaucoup, ce fut l'empressement que l'on mit, dans tous les partis, à venir s'inscrire aux Tuileries pour le féliciter d'être échappé à un si grand danger.

On dirait même que S. M. Napoléon III n'est pas fâché de rencontrer une occasion de braver le danger.

C'était encore pendant la première présidence de la République. On sait que le faubourg Saint-Antoine, qui a ses qualités, entre autres un amour sincère du travail, a aussi ses défauts ; il n'a jamais brillé par son respect du pouvoir, il a même toujours professé un faible pour l'émeute. Or, un jour, le Prince-Président se rendait à Vincennes par la grande rue du faubourg ; on le reconnaît ; des groupes à figures peu amies se forment à son passage, ils se grossissent promptement après, et on l'attend à son retour.

On accourt à Vincennes prévenir Louis-Napoléon qu'il serait plus prudent de rentrer dans Paris par les boulevards extérieurs, que la rue du Faubourg-Saint-Antoine est remplie d'hommes à figures sinistres, qui tiennent un langage menaçant ; qu'il y aurait danger à traverser ces masses avec une si faible escorte.

Le Prince écoute tout avec son sourire habituel, et ne dit pas un mot.

A l'heure convenue, on part pour Paris. Arrivé à la barrière du Trône, à l'entrée du terrible faubourg, le Président de la République ordonne à toute son escorte de se tenir à une grande distance. Puis, le voilà qui met son cheval au pas et s'engage seul dans ce quartier naguère ensanglanté par la révolte et la mort de l'archevêque de Paris. Au milieu de ces groupes hostiles, irrités, sa figure était calme et bonne comme à l'ordinaire. Son assurance étonne d'abord, son courage frappe. Bientôt on entend dire dans les groupes : « Au moins il n'a pas peur, celui-là. — Tiens, c'est un gaillard avec lequel il ne ferait pas bon badiner, » et autres propos plus énergiques qu'élégants. Puis les visages se dérident, cette confiance les ravit et les voilà qui se mettent à crier à tue-tête : « Vive Monsieur le Président ! »

Le courage en France est si puissant, il exerce une influence magique. Voyez l'Empereur, il ne fait pas de bruit, il parle peu, il ne menace pas, mais on le sait décidé et personne ne bouge. Ce Paris même, qui autrefois avait la maladie des émeutes et des barricades, a été calme, tranquille depuis douze ans comme n'importe quelle ville de province. L'Empereur peut même s'absenter, aller aux eaux, en Italie, en Algérie. On le sait quelque part, et on n'a garde de remuer. Il exerce le même prestige chez les nations étrangères. Nul souverain, au rapport de tous, ne possède une aussi grande puissance morale en Europe. Dans toute question, la première chose à examiner, est ce que fera l'Empereur des Français.

Vraiment, quand on le voit si simple, humblement agenouillé devant Dieu, dans sa chapelle, on serait presque tenté de s'étonner du rôle immense qu'il joue dans le monde ; mais c'est bien là ce qui explique sa puissance. L'Empereur a la foi, il croit à sa mission providentielle, il croit en Dieu. Il croit qu'il y a une Providence spéciale pour les souverains, que leur vie n'est pas dans la main des hommes, mais dans la main de Dieu. Voilà le secret de sa force.

Un jour, quelqu'un disait devant l'Empereur qu'il était effrayant d'être souverain aujourd'hui, puisque des malheureux pouvaient attenter à ses jours... « Pas du tout, répondit-il, on n'y songe pas même, il y a une Providence particulière pour les souverains. » Puis, empruntant une parole sacrée, il ajouta : *« Celui qui habite avec l'aide du Très-Haut, restera sous la protection du Dieu du ciel. »* Il sent que nul n'aura de pouvoir sur lui que quand Dieu voudra lui en donner, aussi il le prie avec confiance. Voilà pourquoi il sera toujours plus fort que les hommes.

Pour compléter le portrait de Napoléon III, entrons dans quelques détails de sa vie de chaque jour.

L'Empereur se lève ordinairement de bonne heure, vers sept heures. Cependant l'heure n'est pas réglée, elle dépend des occupations de la nuit. L'Empereur la consacre souvent au travail. Il faut l'avouer, c'est un dur métier que de gouverner la France, et en voyant les fatigues du souverain, on serait parfois tenté de remercier la Providence de nous avoir placé dans les rangs des sujets. Plus d'une fois le jour est venu le surprendre dans ses laborieuses études, sur les moyens de rendre la France heureuse et prospère.

Son premier soin est de lire les lettres importantes, il expédie ensuite les affaires qui n'admettent pas de retard, parcourt un peu les journaux, donne quelques rares audiences et de temps en temps travaille avec les ministres, mais souvent il travaille seul...

Le déjeuner a lieu à onze heures et demie. L'Empereur est d'une grande sobriété, il mange peu de mets et son verre est presque toujours rempli d'eau qu'il mêle à un peu de vin.

A table, l'Empereur est gai, il parle volontiers de toutes choses, il lance même parfois le petit mot pour rire, mais toujours avec une exquise bienveillance. Il aime beaucoup à interroger, mais jamais il n'interroge un homme que sur les choses qu'il sait être l'objet de ses études. Là, il parle volontiers de charité, des classes ouvrières, d'agriculture, d'inventions, d'améliorations, etc.

Après le déjeuner, l'Empereur donne souvent

des audiences. Ceux qu'il reçoit sont accueillis avec une bonté qui les encourage et les enchante, puis il écoute si bien, il vous écoute avec une attention qui étonne. Si le plus grand plaisir de celui qui parle est d'être écouté, l'Empereur fait jouir largement de ce bénéfice, il écoute jusqu'à la fin, il voit même si vous avez encore quelque chose à dire.

On se plaint qu'il est difficile de faire entendre la vérité aux grands. Hélas, cela peut être vrai quelquefois. Mais à qui n'est-il pas difficile de la faire entendre? Est-ce donc chose si commode de la faire entendre au peuple qui a pour le moins autant de flatteurs, et plus que les souverains... Puis, où est la vérité? Qui a tort, qui a raison? C'est quelquefois si difficile à débrouiller; l'un croit avoir dit une bonne vérité; aussitôt après il en vient un autre qui dit tout le contraire et qui reste néanmoins bien convaincu qu'il a dit aussi une bonne vérité. Mais où est la vérité vraie, la vérité pratique, la vérité qu'il faut développer à l'heure même? C'est là ce qu'il est difficile de découvrir, c'est pour cela que l'Empereur écoute tout le monde avec tant d'attention et prend ensuite seul son parti, et on sait que c'est souvent le meilleur à prendre.

Dans le courant de l'après-midi, l'Empereur sort de temps en temps, le plus souvent en voiture. Quelquefois il sort dans un tilbury accompagné d'un ou deux domestiques, il conduit lui-même. Tout le monde le reconnaît à son paletot brun, qui semble être de peluche et qui a aussi l'air d'être éternel. Il y a plus de douze ans qu'on le voit, de même qu'un paletot bleu. Espérons que, de temps en temps, son valet de chambre remplace le vieux par un neuf. Il est simple dans son vêtement comme dans sa nourriture, il met quelquefois des chaussures solides, à peine vernies, que certainement beaucoup d'ouvriers ne porteraient pas lorsqu'ils s'endimanchent. Il y a un télégraphe dans le cabinet de l'Empereur et un fil qui communique avec ses écuries, il commande lui-même sa voiture ; lorsqu'elle est arrivée, personne ne sait où il va, ni même par quelle porte du palais il va sortir, il se dirige tantôt vers le bois de Boulogne, tantôt il va visiter des travaux, des œuvres de charité, de nouvelles découvertes. L'Empereur ne craint rien, on le voit quelquefois monter sur les échafaudages des constructions, là il donne ses idées qui sont d'un parfait connaisseur, on l'a même vu dans le bois de Boulogne avec quelques hommes qui portaient des jalons pour percer des allées à travers les fourrés ; on sait que le bois de Boulogne est son œuvre. Dans l'hiver il va parfois patiner avec la foule sur les glaces des lacs, c'est une récréation bien légitime après tant de soucis et de travaux, et la foule lui sait bon gré de cette confiance.

Le soir, l'Empereur dîne à sept heures et demie d'ordinaire; il se retire de bonne heure dans ses appartements pour y reprendre ses travaux. Du reste, toute sa vie n'a qu'un but, c'est la grandeur de la France, le bien-être de tous les Français.

En résumé, l'Empereur Napoléon III est une de ces grandes personnalités, une de ces natures exceptionnellement douées que la Providence place, plante en quelque sorte sur la terre comme de grandes colonnes pour y marquer la trace des siècles. Toujours elles joueront un rôle extraordinaire, quelle que soit leur carrière sociale, soit qu'elles tiennent l'épée du guerrier, la plume de l'écrivain, le sceptre du souverain ou le pinceau de l'artiste.

A ce sujet, je veux dire toute ma pensée. La diversité des opinions est permise. Toutes les convictions sincères ont droit au respect, mais il me semble que tout homme de bien, ami de son pays, à quelque opinion qu'il appartienne, quand il rencontre sur son chemin une de ces puissantes personnalités sur lesquelles la Providence a si évidemment posé sa main, imprimé son cachet, doit se dire : Voici une grande force, une très-grande force, il faut à tout prix qu'elle soit au bien. Si je ne la crois pas dans le bon chemin, essayons de l'éclairer. Si elle y marche, crions-lui courage; tendons-lui cordialement la main en lui disant : Soyez des nôtres, le bien y gagnera et vous n'y perdrez pas.

# CHAPITRE  XVI

## L'Empereur et le peuple.

Pour qu'un homme soit populaire en France,
il faut que l'on puisse dire de lui : Il est bon, il
est capable, il n'est pas fier, et surtout il n'a
pas peur. Alors, il possède infailliblement une
grande influence sur les masses. Or, l'Empereur est brave, nous l'avons dit dans le précédent chapitre ; il est bon, nous le dirons dans le
chapitre suivant. Il a, à un suprême degré, les
deux grandes qualités françaises du cœur et de
la bravoure. Aussi il aime le peuple et il en est
aimé. Il l'a dit lui-même : « Mes amis ne sont
pas seulement dans les palais, mais encore sous
les toits couverts de chaume et dans les humbles demeures. »

Son nom a commencé sa popularité, son
cœur et ses actes ont fait le reste. L'empereur
a la fibre populaire. Or, un souverain ne se
sert jamais de cet instrument en France sans

trouver d'immenses sympathies dans la nation, sans rencontrer des mains qui se tendent, des cœurs qui s'élancent et des voix qui lui crient : C'est bon, nous sommes contents de vous ; courage, courage ! Sans doute, le peuple n'est pas toujours un maître commode à servir ; mais, soyons de bonne foi, on a vu plus difficile, car, au fond, il est juste, et, livré à ses propres inspirations, il est reconnaissant et généreux ; ce n'est pas lui qui oubliera le premier les services rendus. Le peuple a du cœur.

Oui, l'Empereur Napoléon aime les masses et il en est aimé. Il possède la vraie et grande popularité ; ceux mêmes qui ne l'aiment pas le reconnaissent et s'en plaignent.

On demandait un jour à un vieux républicain incorrigible, mais franc et sincère :

— Eh bien, que pensez-vous de l'Empereur?

— Que voulez-vous, répondit-il, que nous en pensions? si ce n'est *qu'il nous fait bien du mal.*

— Pourquoi cela?

— Il a la fibre populaire, quoique ce soit un aristocrate... Il a deux forces contre nous et nous n'en avons qu'une contre lui, encore souvent il nous en prend une partie... Que pouvons-nous contre un homme qui sait tout faire tourner à son profit, même la cherté, le choléra et les inondations?... Pas moyen de lui faire perdre son prestige devant les masses. Si vous lui objectez une misère, vite il court la soulager. Mais, ajouta-t-il, nous l'attendons sur le chapitre des finances et de la liberté.

« Il a la fibre populaire, quoique ce soit un aristocrate. » C'est peut-être la définition la plus juste qui ait été donnée de la personnalité de Napoléon III. Il est peuple par le cœur et grand par tout le reste.

Aussi, il faut voir l'Empereur au milieu de son peuple, il semble radieux. Ceux qui disent que sa physionomie est sans expression seraient bien embarrassés alors de soutenir leur opinion. Sa figure est épanouie, elle a un air de bonheur, et d'indicible bonté qui fait plaisir.....

L'Empereur ne paraît jamais si heureux que quand il se trouve au milieu de la foule; il n'aime ni les barrières ni les mesures qui l'en séparent, le plus souvent il les brise, il la laisse approcher, et ils semblent, Empereur et peuple, jouir ensemble du plaisir de se voir de près. Le peuple est si touché de ces marques de confiance!

Très-souvent, après une revue, il ordonne de laisser venir la foule; elle déborde autour de lui, elle s'approche, elle entoure même son cheval. Il est là comme un père au milieu de ses enfants qu'il n'a pas vus depuis longtemps.

Chaque année, dans les jours du carnaval, on a un exemple de cette cordiale rencontre du souverain et de son peuple.

On sait que dans ces jours, suivant l'antique usage, se fait dans Paris la traditionnelle promenade du bœuf gras. Que ce cortége soit irréprochable et n'ait pas un peu besoin d'être amélioré, surtout en ce siècle où nous ne parlons que d'améliorer les autres, je n'ose le soutenir, mais, enfin, n'en disons pas de mal. Ce cortége a un grand mérite à mes yeux : il amuse cinq cent mille Parisiens et à fort bon marché, pendant trois jours, et vivent les amusements dont tout le monde peut profiter et qui ne coûtent pas cher ! Celui-ci fait la joie de la foule et même des classes riches; on en parle dans les mansardes, on en parle aussi dans les salons, ne fussent-ce que les enfants, qui seraient bien fâchés de ne pas se trouver sur son passage. Donc, l'Empereur veut bien recevoir le cortége aux Tuileries : il est au balcon du pavillon de l'Horloge, avec l'Impératrice et le Prince Impérial, et une foule immense, hommes, femmes, enfants, est sur la place du Carrousel; il y a deux, trois, quatre heures qu'elle attend; soudain, sur un ordre de l'Empereur, toutes les grilles sont ouvertes, et voilà des flots de peuple qui débordent dans la cour des Tuileries ; on dirait une mer furieuse qui a rompu ses falaises. Chaque groupe, en arrivant au pied du balcon, pousse un cri formidable de Vive l'Empereur ! de sorte qu'il est presque occupé à saluer, à ôter son chapeau et à le remettre. Il paraît si content ! tous les yeux sont ouverts, braqués vers le balcon et fixés sur l'Empereur, l'Impératrice et le Prince Impérial. La scène dure un bon quart d'heure ; mais c'est lorsque l'Empereur salue en se retirant, que dans cette foule il se fait une terrible explosion. Les chapeaux s'agitent au-dessus des têtes, les bras se tendent, le tout est accompagné de trépignements, de cris de Vive l'Empereur ! Vive l'Impératrice ! Vive le Prince Impérial ! On dirait la voix puissante d'une mer agitée. Oh ! c'est beau, c'est un des grands spectacles qu'il soit donné de voir. Ce jour-là, l'Empereur fait au peuple les honneurs de son palais, et je vous assure que la réception est cordiale des deux côtés.

Mais si jamais le sentiment populaire fit une grandiose explosion, si l'on vit dans tout son éclat cet enlacement du cœur du souverain avec le cœur de son peuple, ce fut lors du départ de l'Empereur pour l'expédition d'Italie. On peut juger diversement cette guerre, mais il n'en est pas moins vrai qu'elle fut l'occasion d'une démonstration populaire comme il ne s'en est probablement jamais vu ; nous avons assisté à ce grand spectacle, le souvenir nous en sera toujours présent.

Depuis longtemps la foule attendait serrée, impatiente : les rues, les fenêtres, les balcons, les toits étaient couverts de ses flots...

L'Empereur sortit des Tuileries à cinq heures et demie du soir, il était en calèche découverte et en petite tenue de simple officier, coiffé d'un képi ; l'Impératrice seule se trouvait avec lui ; sa brillante escorte avait pris les devants. Le peuple se trouvait donc pour ainsi dire seul à seul avec son souverain. La foule se précipitait librement autour de lui et le saluait, l'enveloppait de son enthousiasme. La voiture marchait au pas et était souvent arrêtée par les flots de peuple. Ce n'étaient plus des cris, c'était un tonnerre d'acclamations, accompagné de trépignements, de chapeaux qui s'agitaient, de bras qui se tendaient ; les femmes, les enfants prirent leur part d'enthousiasme en jetant dans la voiture des fleurs, même des médailles et des chapelets, en criant : Que Dieu vous protége !

L'Empereur, tantôt assis, tantôt debout, toujours calme mais visiblement ému, des larmes autour des yeux, recevait avec bonté ces souhaits, ces adieux et ces pieux souvenirs ; l'Impératrice remerciait la foule avec effusion, saluant avec son gracieux sourire mêlé de ses larmes.

Les vivats, les bravos, les saillies du cœur éclataient comme un feu roulant, c'était une marée montante de fièvre guerrière et patriotique ; tout le monde semblait prêt à partir avec l'Empereur : « Allez, Sire, disait un ouvrier, s'il vous faut des soldats, vous n'avez qu'à parler ! — Oui, oui ! » répondait la foule. Plusieurs poignées de mains furent échangées entre le souverain et les plus hardis et les plus ardents. Alors comme toujours, quand une grande occasion se présente, le peuple et son chef n'avaient qu'un cœur et qu'une âme.

Dans ses voyages à travers la France, c'est le même accueil du côté des populations, la même cordialité du côté du souverain : il dit qu'il est heureux de se mettre en contact avec ce peuple qui l'a élu. A Strasbourg : « Je suis venu, dit-il, non pour recevoir des hommages, mais pour étudier les besoins des masses. » A Lyon : « Vous voyez au milieu de vous un ami. »

En quittant Bordeaux : « Messieurs, vous m'avez reçu comme un souverain, souvenez-vous de moi comme d'un ami. » « Mes vrais amis, dit-il ailleurs, ne sont pas seulement dans les palais, mais sous le chaume. » Le peuple comprend, il s'approche de lui et le presse de tous côtés, il lui parle avec abandon.

Dans son voyage de Strasbourg, la voiture de l'Empereur était tellement encombrée par la foule lorsqu'il entrait à Bar-le-Duc, qu'elle ne pouvait plus marcher : alors un robuste paysan, écartant cette masse à droite et à gauche, s'approche à deux pas de l'Empereur, puis se découvrant et portant énergiquement la main sur son cœur, il s'écrie : « Mon Prince, nous sommes contents... » et tous les visages épanouis semblaient dire : « C'est vrai ; il a raison ; nous sommes contents. » Louis-Napoléon parut profondément touché de cette démonstration qui venait certainement du fond du cœur...

Sur la route, c'était une acclamation continuelle : les vieillards, les mères élevaient et lui présentaient leurs enfants... Le Prince était visiblement ému, et pendant qu'il prenait un peu de repos, un député s'approcha de lui et lui dit :

— Sire, ne vous semble-t-il pas que toutes ces mères, qui à l'envi vous présentent leurs filles, leurs plus chers trésors, que tous ces vieillards qui élèvent vers vous leurs petits-enfants pour qu'ils puissent vous voir de plus près, vous disent par là : « Nous les plaçons sous votre protection ? »

— C'est vrai, répondit le Prince avec le profond accent de bonté qui le caractérise, j'ai éprouvé une des plus douces joies de ma vie...

C'est surtout dans le Midi de la France, où les natures sont plus expansives, que les sentiments se manifestent d'une façon pittoresque, originale.

— Qu'il est charmant! criaient des femmes du peuple, comme il regarde, comme il sourit!

— Mais on nous avait dit qu'il était laid! ah! bien oui, laid! nous le trouvons joli, nous!

— Ah! disaient d'autres femmes, c'est nous qui allons lui assourdir les oreilles par un cri qui ne sera pas Vive la république! Nous avons toujours travaillé pour lui. On disait que l'Empereur était un vieux lapin; ma foi, il en est un autre. Quand on lit son histoire, il faut pleurer; et l'on voit bien qu'il est, comme son oncle, un homme surnaturel...

Cette popularité de Napoléon III est aussi solidement établie dans les classes ouvrières, malgré les incessants efforts que l'on fait depuis quelque temps pour la détruire. L'ouvrier est juste, l'ouvrier a du cœur et du bon sens; livré à lui-même, il ne demande qu'à vivre tranquillement en travaillant.

Voici un dialogue de deux ouvriers de Paris qui causaient en travaillant :

— Qu'est-ce donc qu'on nous disait, sous la république, qu'il n'y avait pas d'argent ? Il en trouve bien, LUI, pour nous faire travailler, et cette besogne-là nous plaît mieux que l'aumône des ateliers nationaux.

— Ah ! tais-toi, avec ta république, elle n'a rien su faire.

— Et voilà que le petit Napoléon, comme ils l'appellent, les a tous enfoncés. Il a fait pour le peuple ce que la république n'avait pas osé faire ! Il est furieusement fort ce petit-là !

— On disait, s'écriait un autre ouvrier, que Napoléon n'était pas capable, ça n'empêche pas qu'il les a joliment bien joués, qu'il a joliment fait son chemin, *et s'est créé là une belle position.* Allez donc maintenant croire à tout ce qu'ils vous chantent.

Un jour, l'Empereur devait visiter une ville. Un chef d'atelier disait à trente ouvriers sous ses ordres :

— Mes amis, vous resterez dans vos chantiers le jour de l'arrivée de Napoléon ; vous ne l'aimez pas, ni moi non plus.

— Mais, monsieur, répondirent les trente ouvriers, notre idée n'est pas de rester, nous voulons le voir.

— Et que crierez-vous donc, malheureux ?

— Ah dame ! monsieur, ça nous regarde.

Les trente ouvriers ont crié Vive l'Empereur! comme un seul homme, et le chef d'atelier s'est consolé en murmurant : *Vox populi, vox Dei.*

Oui, Napoléon III est populaire dans la classe ouvrière comme il l'est dans nos campagnes; on lui sait gré de ce qu'il a fait et de ce qu'il fait encore tous les jours pour cette classe. Enfin, nos ouvriers ont du cœur, ce ne sont pas des ingrats. Que veut l'ouvrier honnête? de l'ordre et du travail. L'ordre, il est partout, et le travail tend les bras à l'ouvrier. Il n'y a que l'ouvrier que l'on égare ou qui ne veut pas d'ouvrage qui puisse ne pas aimer l'Empereur. Oh! s'ils savaient combien l'Empereur les aime, comme il songe sans cesse à eux !

Nous l'avons dit, l'Empereur aime à se trouver au milieu de la foule, à causer avec les plus petits et les grands. L'année dernière, on lançait un ballon à Compiègne, c'était le dimanche et dans les champs. La masse des curieux était sans nombre. L'Empereur est resté plus d'une demi-heure au milieu de tous comme un simple spectateur. Tous ces braves gens, touchés de tant de confiance et de simplicité, respectaient cette libre jouissance de la vie privée, qui est si rarement permise aux souverains.

L'Empereur ne demanderait pas mieux que de se mêler sans cesse à son peuple, que de donner un libre accès à tous. Malheureusement, il y a trop de personnes qui en abusent. On le sait, l'Empereur est bon, il lui est si pénible de refuser. Pourtant, il y a des choses qu'il ne peut accorder. D'un autre côté, sa bourse n'est pas inépuisable. La preuve, c'est qu'elle est souvent vide. Or, tous, tant que nous sommes, nous avons une tendance très-décidée à demander. Je crains, Dieu me pardonne, que nous ne finissions par devenir un peuple de mendiants depuis le haut jusqu'au bas de l'échelle sociale; il semble même que c'est chose nécessaire que, dès lors qu'on a occasion de voir le souverain, il faut vite en profiter pour lui demander quelque chose. Si ce n'est pas pour soi, on demande pour ses enfants, pour son frère, pour son cousin, pour son ami ou l'ami de son ami; c'est une perpétuelle sollicitation. Vraiment, cela doit être un tourment pour les grands. Ils ont de la peine même à discerner quels sont leurs vrais amis. On devrait bien avoir le désintéressement d'un brave habitant du Nivernais.

Il y a quelques années, le jour de sa fête, l'Empereur longeait en voiture la grande avenue des Champs-Élysées; tout à coup il aperçoit un homme qui s'agitait, se démenait pour percer la foule, il bousculait même un peu ses voisins.

L'Empereur fit signe de le laisser passer, et

voilà notre homme qui arrive tout essoufflé à la voiture, en ouvrant deux grands yeux.

— Eh bien, mon ami, lui dit l'Empereur, que désirez-vous?

— Rien du tout, Sire : je désirais vous voir, et je vous vois, je suis content.

Puis, tout en continuant de causer avec l'Empereur, il se retourne vers ceux qu'il avait assez maltraités et il ajoute : « Je demande pardon à ces messieurs et à ces dames d'avoir été un peu brutal. C'est que, voyez-vous, Sire, j'avais fait soixante lieues pour vous voir, et j'avais bien peur de manquer mon coup, j'en aurais été si fâché ! »

A la bonne heure, voilà au moins un homme qui ne demande rien que de très-raisonnable ; mais comme la vertu doit toujours être récompensée, l'Empereur lui fit dire de se présenter aux Tuileries le lendemain ; et lui qui n'avait rien demandé remporta néanmoins un précieux souvenir de la bienveillance impériale.

Une autre fois, dans un voyage, Napoléon III voit au milieu de la foule un vieux soldat s'approcher : — Sire, dit ce vieux serviteur de la patrie, j'ai une grâce à vous demander.

— Parlez, mon brave, lui fut-il répondu.

— Je voudrais vous serrer la main.

Et l'Empereur, de la façon la plus cordiale, lui tendit la main.

Voilà les bonnes relations entre le sujet et le souverain. Certainement l'Empereur ne demande pas mieux que faire le possible et même quelquefois l'impossible, mais, enfin, il ne peut pas tout faire, c'est à nous plutôt de le seconder, de savoir nous suffire à nous-mêmes et de lui permettre de reporter ses bienfaits sur ceux qui en ont le plus besoin; puisque c'est un bonheur pour Napoléon III de se mêler à la foule, d'aimer à causer avec son peuple, ne le privons pas de cette jouissance, c'est un faible dédommagement pour tant de fatigues.

Oui, aujourd'hui il y a tendance démesurée à demander. Les discours de félicitation eux-mêmes, adressés aux souverains, tournent d'ordinaire à la demande, l'Empereur lui-même en a fait la remarque. Plus les compliments sont beaux, plus la demande de la fin sera considérable. On demande tout : on demande une route, un chemin de fer, un pont, une église, un théâtre, une mairie, des écoles, etc., et il est si difficile de dire non. L'Empereur accorde tout ce qu'il peut; mais savez-vous bien ce qui arrive ensuite? on se plaint, on crie : Oh! on dépense trop, on obère nos finances! Et parmi ceux qui crient le plus haut se trouvent peut-être les plus ardents solliciteurs; il faudrait pourtant être juste, de bonne foi.

L'Empereur sans doute est bien puissant, mais enfin il ne tire rien du néant; il ne peut pas créer, il ne peut faire quelque chose avec rien. Si on veut des embellissements et des améliorations — et l'on sait si nous avons été bien partagés de ce côté-là — il faut les payer. C'est donc à tort que l'on fait un reproche au gouvernement de trop dépenser; ceux qui s'en plaignent me font souvent l'effet de gens qui veulent créer des mécontents, et voilà tout; mais ils ne réussiront pas, le bon sens français saura bien déjouer ces manœuvres sur ce point comme sur un autre fort délicat, la liberté.

— A propos, disait dernièrement un spirituel et riche cultivateur, qu'est-ce que j'entends donc? qu'est-ce que je vois dans les journaux? des gens qui parlent de liberté, qui réclament la liberté. Mais la liberté, est-ce qu'on ne l'a pas, est-ce que chacun n'est pas libre dans sa petite sphère? Ils disent qu'il faut plus de liberté, mais d'abord il faut savoir ce que pense de tout cela *notre Empereur*, il sait mieux que tous ces parleurs et ces écrivains ce qui convient à la France, il nous a tirés de bien d'autres misères. Laissons faire, il nous donnera toujours toutes les libertés qu'il nous faudra. Voilà qui est bien raisonné et qui révèle la confiance sans bornes dont l'Empereur jouit en France. Il en est certainement de la liberté pour l'Empereur comme il en était de l'amnistie dans les premiers temps de l'Empire. Un jour, dans une ville, il entend crier : Vive l'amnistie ! et d'une voix ferme il fait cette laconique et belle réponse :

—L'amnistie est dans mon cœur plus que sur vos lèvres : méritez-la, et vous l'aurez.

Du reste, l'Empereur a dit lui-même dernièrement sa pensée sur ce sujet (1) :

« Vous avez défini la mission du souverain avec l'expérience du magistrat et du prêtre qui a vu de près où conduit l'abandon de tout principe, de toute règle, de toute croyance. Aussi devez-vous être étonné comme moi de voir, en un aussi court intervalle, des hommes à peine échappés du naufrage, appeler encore à leur aide le vent et les tempêtes. Dieu protége trop visiblement la France pour permettre que le génie du mal vienne encore l'agiter. Le cercle de notre constitution a été largement tracé. Tout homme honnête peut s'y mouvoir à l'aise, puisque chacun a la faculté d'exprimer sa pensée, de contrôler les actes du gouvernement et de prendre sa juste part dans les affaires publiques. Aujourd'hui plus d'exclusion. »

(1) Discours adressé au cardinal de Rouen.

L'Empereur jouit donc d'une grande popularité en France ; entre lui et le peuple français c'est à la vie et à la mort. Cela doit être, il doit avoir une popularité à nulle autre pareille. Jamais souverain n'a jeté de si profondes racines dans le cœur d'une nation ; trois fois il a été acclamé avec toute la maturité que donnent le temps, la réflexion et l'expérience.

L'Empereur est populaire. C'est une chose dont tout homme de bien, quel qu'il soit, doit se réjouir, car aujourd'hui, dans l'état actuel des choses, les masses n'appartiendront jamais plus à tel ou tel parti, elles seront napoléoniennes ou républicaines avec les plus fatales conséquences de la chose. Les masses ne marchent que par grandes aspirations, par sauts et par bonds. Malheur à elles, et malheur à tous, si elles ont pris une fausse route, elles la suivront jusqu'au bout. Les gagner et les contenir, c'est la plus rude et la plus belle des tâches, car le peuple, malgré ses faiblesses, il faut lui rendre cette justice, a des sentiments plus élevés qu'on ne le pense. Il aime passionnément les grandes choses, il aime les choses qui se voient de loin et par-dessus les têtes, il aime les grands noms et les grands services rendus. L'abnégation ne lui fait pas peur, ni un gouvernement fort non plus, pourvu que de temps en temps, il ait ses gloires... Le peuple ne craint pas de se poser des barrières à lui-même ; pour se protéger contre ses propres excès ; il a parfois des instincts de conservation plus salutaires et plus efficaces que les plus habiles conceptions des hommes d'Etat ; on l'a bien vu, il y a quelques années. Je dirai même qu'en certains moments, il a comme une seconde vue, malgré les passions qui l'agitent. Ce n'est pas étonnant, n'est-ce pas la voix de Dieu? Alors, il marche droit à son but, malgré le résistances ; alors il est puissant, il opère de grandes choses, ou pour les faire, il crée des hommes si grands, qu'ils sont bientôt légendaires. Alors, comme l'artiste, comme tout homme qui a créé quelque chose, il aime son œuvre, il chérit son enfant. C'est ce qui est arrivé à l'égard de l'Empereur et du nom de Napoléon : c'est une création du peuple français... Il est donc populaire de la plus belle popularité, c'est le fils de la grande famille française, et c'est le fils dans lequel elle a mis ses espérances de gloire et de prospérité.

Entre l'Empereur et la France c'est donc à la vie et à la mort; il ne désertera jamais le poste où Dieu et la nation l'ont placé.

On a dit que certains souverains ont fait passer de l'argent à l'étranger dans la prévision d'un renversement de leur trône.

Je ne sais ce qu'il en est, mais je suis bien sûr que l'Empereur n'a jamais fait passer, ne fera jamais passer d'argent à l'étranger. A quoi bon de l'argent à l'étranger, il n'en aura jamais besoin ! la terre étrangère ne le reverra jamais !

Napoléon III est Empereur des Français et il mourra Empereur des Français. Soyez tranquilles, jamais le télégraphe ne vous apprendra que celui-là a fui devant l'émeute et s'est remis sur le chemin de l'exil pour sauver sa vie. Non, non, son parti est pris, mais pris avec cette résolution calme, froide, irrésistible, cette volonté d'airain, qui, elle seule, sans dire un mot, épouvante les anarchistes... Il faut que cela soit connu partout, afin de rassurer les bons et de faire trembler les méchants.

Si donc jamais, ce qui n'est pas probable, l'émeute osait... si elle essayait de relever son drapeau, désormais impossible, et de bouleverser encore une fois la société, vous le verriez soudain à cheval, à la tête de sa brave armée. Alors il répéterait la parole qu'il a déjà prononcée : « Je ne vous dis pas : Marchez, je vous suis ; mais : Je marche, suivez-moi... » Non, il ne s'abandon-

nera jamais lui-même, il n'abandonnera jamais
la France. A ses yeux, c'est un devoir d'honneur.
Il y a plus, c'est un devoir de conscience, un
souverain ne peut pas, ne doit pas, pour quelque
raison que ce puisse être, abandonner ainsi ceux
qui lui ont confié leur salut.

Quoi! une simple sentinelle placée à un poste
est fusillée sur-le-champ si elle l'a abandonné
par peur! et un souverain, qui porte dans les pans
de son royal manteau la sécurité et la prospérité
de tout un peuple, pourrait, pour sauver sa vie,
livrer ce peuple entier aux terribles chances des
révolutions!

Je sais bien que l'on a dit, quand cette déser-
tion a eu lieu, que c'était pour ne pas verser le
sang français. Pauvre excuse que la peur et le
trouble ont été heureux de rencontrer sur leur
chemin.

Oh! oui, sans doute, c'est chose bien triste
que de voir verser le sang, c'est un affreux malheur que d'être réduit à le faire couler... Mais,
dites, le sang de ces soldats sur lesquels l'émeute
ose tirer, est-ce que ce n'est pas aussi du sang
français, et plus précieux que celui des révoltés?
Est-ce qu'il ne remplissent pas un devoir? Est-
ce qu'ils n'ont pas un père, une mère que leur
mort va désoler? Oui, soyons avares du sang
français; craignons de faire couler le sang fran-

çais ; mais que l'émeute, qui a sans cesse le mot de fraternité a la bouche, nous donne l'exemple.

Un spirituel écrivain a dit : « On parle de supprimer la peine de mort; soit, j'y consens ; mais je demande que messieurs les ﬅ assins commencent. »

Et moi, je dis :  ous ne voulez pas qu'on verse le sang français, vous avez raison ; ﬆit; mais je demande que messieurs les émeutiers commencent, autrement, celui qui se sert de l'épée contre l'autorité doit périr par l'épée.

Du reste, les motifs invoqués pour fuir devant la révolte sont sans aucune espèce de fondement. Pour épargner le sang d'une poignée de révoltés, on livre un pays tout entier à l'anarchie, on fait couler des flots de sang, et du sang le plus précieux, on crée de lamentables journées de juin, sans parler de la ruine, du chômage, qui viennent s'abattre sur une nation.

Soyez donc tranquilles, bien tranquilles, l'Empereur Napoléon III ne s'abandonnera jamais lui-même et n'abandonnera jamais la France. Pourquoi ? Parce qu'il sait que c'est son devoir de défendre l'ordre; que céder à la peur, c'est une insigne lâcheté qui répugne à son caractère, à toute sa vie ; parce que, de plus, il se sent appuyé par huit millions de voix d'hommes qui lui crient: «Courage ! courage ! nous voilà ! »

Il sait que, si besoin en était, des quatre vents de la France, des centaines de milliers de bras se lèveraient pour l'aider à défendre l'ordre qui n'est que leur œuvre, pour replonger les factieux dans le néant. Car, si c'est un devoir d'honneur et de conscience pour le souverain de résister, c'est aussi un devoir d'honneur et de conscience pour ceux qui l'ont placé là, par leur vote, de le suivre et de le seconder. Le vote d'une grande nation est chose sérieuse, sacrée, on peut le dire, puisque la *voix du peuple*, c'est la voix de Dieu. Jouir du droit d'électeur, c'est très-bien, mais ce n'est pas assez : il faut savoir faire respecter son vote ; il faut que les partisans du désordre sachent que, derrière chaque vote, il y a une volonté d'homme, qu'au besoin il y aurait une baïonnette pour le faire respecter. Voilà le grand moyen de tarir, dans leur source, les révolutions, dont la France ne veut plus. Entre le peuple français réuni dans ses comices électoraux, d'un côté, et de l'autre, la dynastie napoléonienne, un solennel contrat a été fait, signé, il doit être fidèlement gardé ; nul n'a le droit de le briser, et nul n'y songe, je l'espère bien ; mais malheur à celui qui oserait y toucher, quel qu'il soit, en quelque lieu de la France qu'il habite.

Dernièrement on a dit que Paris était la tête de la France, c'était tout simplement une petite flagornerie à l'adresse de Paris. Paris est la trentième partie environ de la France, et voilà tout, et ce n'est déjà pas mal. Le vrai Parisien même n'en réclame pas davantage. S'il était vrai que Paris fût la tête de la France, la province en est le cœur, et je crains bien qu'alors il ne fût possible d'appliquer à notre France le vieux proverbe : *Mauvaise tête et bon cœur*. Dans ce cas, ce serait au cœur à prendre des mesures pour n'être pas victime des coups de sa tête. Autrement, que seraient huit millions d'hommes qui se laisseraient mener, qui laisseraient défaire ce qu'ils ont fait, par une poignée de brouillons? Ils s'appelleraient d'un nom que nul Français ne consent à porter ; mais non, on verrait alors le peuple français se dresser dans sa majesté et crier à l'anarchie : Je suis le maître, j'ai jugé la question et je ne veux plus de révolutions ; c'est pourquoi : à bas l'émeute, ou malheur à vous !...

Voilà pourquoi l'Empereur est si fort, si plein de confiance, si populaire. Oui, entre lui et la France, c'est à la vie et à la mort. Il peut répéter en toute vérité cette belle parole des livres sacrés : « Je ne vous abandonnerai jamais, votre peuple sera mon peuple, votre Dieu mon Dieu ; je mourrai sur la terre qui recevra vos ossements, je prends Dieu à témoin que la mort seule nous séparera... » Car c'est chez l'Empereur la plus profonde des convictions, qu'un souverain placé à un tel poste, par Dieu et une grande nation, peut bien mourir... mais fuir, jamais !

# CHAPITRE XVII

## Charité de l'Empereur.

Bon, nous voilà arrivés sur un terrain où au moins tout le monde sera d'accord. C'est bien, restons-y jusqu'à la fin. Il est si doux de venir se reposer dans les cordiales émotions de la charité, après avoir traversé les arides régions de la politique.

L'empereur Napoléon III est charitable et bon, chacun le dit... Il est charitable, c'est un fait reconnu par ceux même qui ne l'aiment guère, les mécontents, les gens dont le métier est de faire de l'opposition, qui se vouent à l'opposition comme d'autres se vouent au négoce ou aux belles-lettres... Il est vrai qu'ils se hâtent d'ajouter avec un certain pincement de lèvres : *Mais il ne fait que son devoir.*

Il ne fait que son devoir. C'est déjà beaucoup : faire son devoir en ce monde, c'est tout. *Fais ce que dois, advienne que pourra.* Est-ce qu'on a jamais demandé davantage à qui que ce soit? Oh! si tout le monde faisait son devoir en France, quelle nation nous serions, quelle force, quelle prospérité! Ce serait bien le cas de dire que le royaume de France est le plus beau royaume de l'univers après le royaume des cieux.

Malheureusement, depuis quelque temps, nous sommes si occupés à contrôler les devoirs des autres, que le temps, sans parler de la volonté, nous manque pour accomplir les nôtres. Chacun sait par cœur les devoirs de n'importe qui, excepté les siens; nous sommes en train d'améliorer tout le monde, excepté nous-mêmes; c'est pourtant par là qu'il faudrait commencer, puisqu'il faut traiter son prochain comme soi-même...

Mais revenons à notre sujet. L'Empereur des Français est charitable et bon, c'est un fait. Il faut entendre ceux qui le connaissent, qui l'approchent : « L'Empereur, disent-ils, il est si bon, on ne le connaît pas; il est si affable pour tout le monde, pour les petits comme pour les grands; il craint tant de blesser, de faire de la peine. — Vraiment, je ne lui croyais pas tant de cœur. — Il ne sait pas refuser, il donne tout ce qu'il a, et même souvent plus. »

Un jour, on disait devant un vieux général, serviteur dévoué de Napoléon III :

—L'Empereur est vraiment bon !

— Il est bon, il est bon, reprit le vieux brave d'un air presque courroucé; ne m'en parlez pas, il n'est bien que trop bon. Son côté faible, c'est cela (et il frappait sur son cœur). Il ne sait pas dire non, il ne sait rien garder, aussi tout le monde lui tend la main; j'ai vraiment peur que, si les choses continuent, on ne finisse par le mettre sur la paille.

Malgré tout cela, l'Empereur continue et continuera ses charités; mais espérons que la France ne permettra pas qu'il en soit réduit à la paille du brave général.

La charité de l'Empereur est connue, aussi bien que celle de l'Impératrice, car ces deux cœurs si unis en tout, le sont encore plus, si c'est possible, par la charité.

Cette charité est donc si connue, que des quatre vents de la France arrivent sans cesse des demandes de secours aux Tuileries : il en vient même de l'étranger, surtout de la Suisse, où jadis le prince Louis-Napoléon trouva une généreuse hospitalité... et beaucoup de ces suppliques sont exaucées.

L'Empereur a un vrai service de la charité parfaitement organisé. Il a toute une armée d'hommes chargés de le seconder dans sa bienfaisance...

Il y a des hommes spéciaux pour chaque branche de souffrances : il y en a pour les vieux soldats, pour les artistes et les gens de lettres, pour les pauvres, pour les œuvres de charité, qui sont si nombreuses en France, pour les églises, pour les écoles et les salles d'asile, pour les petits enfants et pour les vieillards, pour les encouragements à toutes les bonnes institutions, etc., etc. Il y a même un homme chargé d'acheter les lots de loterie donnés par leurs Majestés, et ces lots sont si nombreux, qu'il est douteux si les plus grands magasins de Paris expédient chaque année, autant d'orfèvrerie que la maison de l'Empereur; on en envoie à toutes les œuvres, surtout aux conférences de Saint-Vincent de Paul.

Au commencement de chaque mois, l'Empereur et l'Impératrice mettent 100 000 francs dans la bourse de la charité. Mais ce n'est que pour le courant des petites charités; pour les grandes on revient à la cassette, et il y en a de cinq, dix, vingt et même quarante mille francs! L'année des mendations, l'Empereur a donné, de son argent personnel, plus de six millions, sans compter les millions que son exemple et son initiative ont fait donner à la charité privée.

Aussi, quelqu'un qui doit le savoir disait un jour :

— L'Empereur donne tout, souvent dès le
20 du mois il n'a plus rien, *il n'a plus le sou.*
Et quand je parle ainsi, ce n'est pas une figure
pour exprimer qu'il lui reste peu de chose. A la
lettre, il n'y a plus un sou, ni dans sa bourse
ni dans sa cassette. Néanmoins, il n'a pas de
dettes, ceux qui administrent sa maison ne le
permettraient pas. De sorte que l'Empereur des
Français, comme tant d'autres, est souvent
condamné aussi à redire cette parole : « Je
voudrais bien faire telle chose, mais mes moyens
ne me le permettent pas. »

Malgré tout cela, quand on lui expose une
misère et qu'on lui indique la somme à donner,
il ne dit jamais : C'est trop, mais souvent il dit :
C'est trop peu.

L'Empereur ne fait pas seulement la charité
de sa bourse ; ce qui est plus touchant, il la
fait aussi de son cœur ; il a les bonnes et déli-
cates attentions de la charité, même à l'égard
des plus humbles. Il apprend qu'un ouvrier
s'est blessé, il s'informe avec sollicitude de
son état, il envoie chercher de ses nouvelles
à l'hôpital ; s'il succombe, il fait assister sa famille.

A son départ de Vichy, la foule se pré-
cipite ; or, un ouvrier, en traversant une petite
rivière sur une planche, tombe dans l'eau et se

noie. L'Empereur en est informé, il est profondément attristé, il s'informe des besoins de ses
enfants et pourvoit à leur éducation.

Cette année même, à Compiègne, la femme
d'un gendarme retraité est frappée par une ba-
guette et une bombe au feu d'artifice ; elle succombe bientôt ; elle laissait trois jeunes enfants.
L'Empereur, après avoir fait prendre des renseignements, a fait savoir au maire de la ville
qu'il se chargeait d'assurer l'avenir de cette
jeune famille.

On sent que l'Empereur aime de cœur les
petits, les pauvres, tout son peuple. Quand vers
le printemps la saison est peu favorable et que
l'on craint pour la récolte, savez-vous quelle
est la première parole que l'Empereur et l'Impératrice adressent presque à tout le monde? « Eh
bien, que pensez-vous de la récolte? Que dit-on
de la récolte, n'est-il point à craindre qu'elle ne
soit pas bonne? » Et toujours et sans cessse ils
adressent ces questions. « Eh bien, les ouvriers
ont-ils du travail? Est-on content? N'y a-t-il
point trop de misères? Les pauvres ne souffrent-
ils pas trop? Que faudrait-il faire pour les soulager? »

A la charité du cœur vient se joindre la charité de l'intelligence, c'est-à-dire la charité qui
prévient la misère, qui apprend aux hommes à

se suffire à eux-mêmes, et ce n'est pas, certes, la moins bonne des charités. De là toutes ces salutaires institutions dont nous avons parlé. Il semble que Napoléon III a sans cesse l'œil tendu vers les besoins des masses, et, à l'occasion favorable, il tire du bon trésor de son cœur une de ces institutions qui peuvent assurer du pain a des milliers d'hommes. D'autres ont parlé et parlent sans cesse de l'amélioration du sort des classes populaires, ils promettent beaucoup et font peu de choses. L'Empereur parle peu, mais il agit beaucoup, ce qui est bien plus méritoire.

Récapitulons ici, d'après l'ordre des temps, toutes les bonnes pensées de l'Empereur réduites à la pratique. C'est certainement un des plus glorieux inventaires qui puissent être faits d'un règne. Commençons par les œuvres du Président de la république, nous finirons par celles de l'Empereur. C'est toujours la même inspiration.

Le 30 avril 1850 : loi pour l'assainissement des logements insalubres habités par les ouvriers.

Le 18 juin de la même année : réorganisation des caisses de retraite pour la vieillesse.

Le 22 février 1851 : loi sur les contrats d'apprentissage, protection intelligente, efficace, donnée aux apprentis.

Le 22 janvier 1852 : loi sur l'assistance judiciaire.

Le 22 février : loi qui institue les bains et lavoirs publics.

Le 20 mars 1852 : loi qui développe et organise les sociétés de secours mutuels.

Le 16 novembre : adoption officielle des crèches et des asiles de la première enfance.

Le 27 mars 1853 : dix millions sont alloués pour l'amélioration des logements d'ouvriers dans les grandes villes.

La même année, organisation des Sociétés de charité maternelle, qui ont pour but de venir en aide aux pauvres femmes en couches et à leurs petits enfants.

En 1854, circulaire ministérielle qui institue les médecins cantonaux.

En 1855, décret du 8 mars qui ordonne la fondation des deux asiles impériaux de Vincennes et du Vésinet.

En 1856, l'institution de l'orphelinat du Prince Impérial.

En 1862, l'œuvre du même Prince Impérial, qui a pour but de prêter au pauvre monde qui ne trouverait pas de crédit ailleurs, etc., etc.

En un mot, dès qu'une idée sort des rêves, des théories, dès qu'elle entre sur la terre ferme de la pratique, du possible, l'Empereur s'est empressé de la réaliser. Sans parler du travail qu'il a donné à tous par les chemins de fer, par les chemins vicinaux, la transformation des grandes villes, etc., c'est lui qui a donné cette impulsion, qui a changé, amélioré la position du plus grand nombre. Si aujourd'hui l'argent circule, si le peuple est mieux nourri, mieux vêtu, si les salaires sont plus élevés, si les producteurs vendent leurs denrées à de meilleures conditions, si l'ouvrier peut accompagner son morceau de pain d'un morceau de viande, c'est pourtant depuis le règne de l'Empereur que tout cela se fait. Voilà des choses que tout le monde peut constater l'une après l'autre, et dont il faut bien finir par dire : C'est juste, c'est vrai.

Les autres ont parlé, ont promis beaucoup, l'Empereur a fait ce qui pouvait se faire, sans parler de ce qu'il fera encore, quand les temps seront venus.....

Du reste, la charité paraît native chez Napoléon III, on voit bien qu'elle sort du cœur...

Pendant son exil en Suisse, n'étant encore qu'un enfant, il habitait avec sa mère sur le bord du lac de Constance. Pendant ses heures de récréation, il jouait avec les enfants du voisinage, et de préférence avec le fils du meunier du pont du Rhin. Un jour, les deux jeunes amis avaient quitté l'enceinte du jardin; bientôt on vit revenir le neveu de l'Empereur en manches de chemises, pieds nus dans la boue, dans la neige. Aux demandes qui lui furent adressées, il répondit qu'en jouant auprès de la grille, il avait vu passer une pauvre famille si misérable, qu'il en avait eu pitié, et que n'ayant pas d'argent à lui donner, il avait chaussé un des enfants avec ses souliers, et qu'il avait donné ses habits à l'autre.

Il doit y avoir une belle âme dans l'enfant qui, livré à lui-même et à ses propres inspirations, sait déjà si bien compatir à la misère... ce sont de ces traits qui font dire à tout le monde : Il aura bon cœur.

Cette charité ne s'est jamais démentie, au contraire, elle s'est développée avec l'âge, et tous ceux qui ont eu l'honneur de l'approcher savent que c'est la vertu qui domine toute sa vie, aussi on n'en peut trop parler ; en fait de charité, il songe à tout, il n'oublie que lui seul. Lorsque Louis-Napoléon était prisonnier à la Conciergerie, il ignorait quel allait être son sort ; il pouvait être près de sa dernière heure, et, pour que personne ne fût exposé à souffrir, il se dépouilla de presque toute sa fortune. La reine Hortense, sa mère, lui avait laissé de grandes charges, des pensions à payer à d'anciens et dévoués serviteurs ; eh bien ! il liquida toutes ces pensions, c'est-à-dire qu'il donna de 400 à 500 000 francs. Aussi, dans la prison de Ham, il dépensait moins que la personne attachée à son service, et par là trouvait le moyen de faire beaucoup de bien aux pauvres, de donner des encouragements aux enfants des classes, d'habiller les enfants de la première communion, etc...

Chaque année il en habillait un certain nombre, et le soir, après la cérémonie, on conduisait à la prison ces pauvres petits enfants, et c'était une fête pour le prisonnier de les voir contents et heureux.

Les sœurs de charité de Ham savaient parfaitement le chemin du vieux donjon, et l'hôte illustre et malheureux leur avait bien recommandé de ne pas le ménager quand les besoins de leurs pauvres seraient trop grands.

L'excellent curé de Ham de ce temps-là est aujourd'hui évêque-aumônier de l'Empereur. Dans l'éclat du pouvoir, il n'oublie personne, il n'est pas même nécessaire qu'on lui ait rendu service, il suffit qu'on se soit trouvé en rapport avec lui.

On se souvient du commandant du fort de Ham qui avait pris un traversin, coiffé d'un bonnet, pour le prince, lors de son évasion ; c'était lui qui le gardait, qui était en quelque sorte son *geôlier*, qui était forcé, par sa position, d'imposer bien des privations au prisonnier ; eh bien, ce commandant est devenu gouverneur du palais de Meudon, et est mort gouverneur du palais de l'Élysée.

Lors du jugement de la Cour des pairs, le lieutenant de gendarmerie qui conduisait l'*accusé* à son banc, lui avait témoigné de la bienveillance, l'Empereur avait oublié son nom, mais il n'avait pas oublié sa personne : il l'a fait chercher pendant trois ans, et aujourd'hui il est adjudant au palais des Tuileries.

En un mot, cette bonté, cette charité de l'Empereur, se révèlent sans cesse, et l'on peut dire que, sous ce rapport, comme sous tous les autres, Napoléon III a un cœur français, un cœur qui bat à l'unisson de tout cœur français. Comme chez nous le cœur est chose séduisante, il est impossible de le voir, de l'entendre, sans se sentir entraîné vers lui, disons le mot, sans l'aimer, alors même qu'on est venu avec des préventions ; il y a en lui une simplicité, une bonté, un désir de faire du bien qui vous ravit et qui vous enchante. On est profondément touché de trouver tant de bonté, à côté de tant de dignité et de puissance. C'est du reste la même chose pour l'Impératrice.

Un jour, un évêque, qui passait pour n'être

pas sans préventions, avait été reçu en audience par l'Empereur.

Or, le soir de ce jour, il se trouvait dans un salon où l'on avait des opinions opposées à la dynastie impériale. Néanmoins, on l'entoure, on le questionne :

— Eh bien, vous avez vu l'Empereur? Qu'en pensez-vous? Comment vous a-t-il reçu?

— J'en suis très-content, répondit l'évêque. Il faut être de bonne foi, cet homme est séduisant.

— Et l'Impératrice, s'écria une dame, l'avez-vous vue?

— Elle m'a fait l'honneur de me recevoir.

— Et comment la trouvez-vous?

— Elle est charmante.

Il se fit un silence qui n'était pas précisément un silence d'approbation, au contraire. La dame qui avait interrogé dit tout bas à son voisin :

— Voyez donc cet évêque qui trouve l'Impératrice charmante, comme si c'était de sa compétence de juger ces choses-là!

— Mais, madame, répliqua le voisin, vous l'avez interrogé, et il vous a répondu ce qu'il croit être la vérité.

— La vérité; quand on n'a que ces vérités-là, on ne les dit pas, on les garde pour soi.

Cette bonté de l'Empereur est si puissante,

qu'un homme d'infiniment d'esprit dit un jour à un de ses amis qui demandait une audience :

— Je dois vous prévenir d'une chose, c'est que si vous ne voulez pas l'aimer, gardez-vous d'aller le voir; autrement vous êtes pris; bon gré mal gré, vous l'aimerez...

Un jour, un homme, attaché à la maison de l'Empereur, se trouvait dans un salon où l'on professait les mêmes opinions que celui dont nous avons parlé plus haut; ce qui n'empêchait pas qu'on lui adressait mille questions sur l'Empereur, sur l'Impératrice. C'est général en France, on a beau avoir des préventions, tout le monde a un grand désir de connaître en détail l'Empereur et l'Impératrice, et cela dans les classes riches, dans les classes populaires, partout. En effet, cette vie a bien plus d'intérêt que celle de tant d'hommes qui aujourd'hui écrivent leurs mémoires. Donc, on l'accablait de questions sur l'Empereur, l'Impératrice, leurs habitudes, leurs charités, et il répondait de son mieux, en toute simplicité et vérité, quand la maîtresse de la maison, qui n'avait pas été la moins curieuse, lui crie :

— Allons, taisez-vous, vilain homme, vous finiriez par me les faire aimer !

Il en est de même dans les classes populaires.

Quelqu'un racontait un jour, dans un atelier

où les esprits semblaient incliner vers la république, quelques-uns des traits de la charité de l'Empereur, quand un ouvrier s'écria :

— On dira ce que l'on voudra, moi je dis que l'homme qui se conduit ainsi est un brave homme et qu'il mérite qu'on l'aime. Vous me répondrez peut-être que je n'ai pas toujours parlé ainsi, eh bien, j'ai eu tort, et voilà.

Au fond du cœur, c'est le même sentiment chez le peuple de Paris. Il y a, sans doute, de vieux et incorrigibles ennemis de toute espèce d'autorité ; mais la masse aime son souverain et lui sait bon gré de ce qu'il fait pour elle. Par exemple, ce serait se tromper gravement que de penser que, dans les dernières élections, le vote de la majorité a été dirigé contre les actes de l'Empereur ; nullement, il a été dirigé seulement contre certaines personnes et contre certaines choses, lorsqu'il n'a pas été l'œuvre quelques meneurs. S'il se fût agi de l'Empereur, on eût vu l'immense majorité se lever soudainement pour lui ; car, enfin, le peuple de Paris a du cœur aussi, il sait reconnaître un bienfait. Il n'est pas ingrat. Il faut voir comme l'Empereur est accueilli dans les faubourgs.

Dans la charité de l'Empereur, nul trace d'esprit de parti. Tout Français est membre de sa grande et bien-aimée famille, il respecte la fidélité à de vieux souvenirs. Ses sentiments ont quelque chose de si élevé, de si supérieur, qu'ils le placent au-dessus de toutes les passions ordinaires.

Ainsi, il n'y a pas longtemps, on vendait aux enchères différents objets précieux qui avaient appartenu à madame la duchesse de Berri, et que des pertes considérables l'avaient condamnée à sacrifier. L'Empereur, par une délicate attention, a fait monter à 60 000 francs le livre d'Heures de Henri II et de Catherine de Médicis, et s'en est rendu adjudicataire ; aussi cette acquisition fut saluée dans la salle des ventes par des bravos et des vivats prolongés. Malheureusent, tout le reste des objets n'a pas produit une somme aussi considérable. La charité de l'Empereur marche toujours droit devant elle, sans s'inquiéter des opinions des personnes, ni de leur passé, ni de leurs affections. Comment donc ne pas aimer l'Empereur Napoléon III ?

Que voulez-vous dire à un homme qui ne cherche que le bien, qui est prêt à faire tout le bien que vous lui proposez, pourvu qu'il soit possible, et tout le bien que son cœur lui révèle ; car Napoléon III a du cœur, c'est un homme de cœur ; de plus, il a une haute intelligence, deux choses qui marchent rarement de compagnie... Oui, c'est vraiment un homme de cœur. « C'est le plus honnête homme que je connaisse, » disait le vice-président de la République. Un grand écrivain catholique l'appelle homme *simple* et *bon* (1).

Il faut bien qu'il ait une âme aimante, il a su tant se faire aimer ; créer autour de lui d'incomparables dévouements, alors même qu'il était malheureux. On demandait au docteur Conneau pourquoi il avait contribué à son évasion de la prison de Ham : « *Parce que je l'aimais,* » répondit-il.

Du reste, Napoléon III a tant souffert dans sa vie. « Et, nous dit-il lui-même, dans le malheur, il est naturel de songer à ceux qui souffrent. »

Oui, il a beaucoup souffert, et ce qu'il y a de plus triste à penser, c'est qu'il souffre encore. C'est lui-même qui le révèle dans le discours qu'il adressait dernièrement au cardinal de Bonnechose :

« Vous avez raison de dire que les honneurs de ce monde sont de lourds fardeaux que la Providence nous impose. Elle a voulu, dans sa justice, augmenter les devoirs en proportion des dignités. Aussi je me demande souvent si la bonne fortune n'a pas autant de tribulations que la mauvaise. »

(1) M. Louis Veuillot.

Il souffre donc encore ! Oh ! pourtant, c'était bien assez que les souffrances du passé, sans les souffrances du présent. C'était bien assez que trente années d'exil, six ans de captivité, et tant de persécutions, de calomnies ; c'est bien assez que les fatigues, les soucis du gouvernement ! Ceux qui le font souffrir devraient bien, au moins, avoir des remords de cœur ; d'autant plus que l'Empereur a une âme très-sensible. Une simple histoire de pauvre petit enfant malheureux lui fait monter les larmes aux yeux. Il est sensible surtout à l'ingratitude et à la reconnaissance. Un simple merci pour un bienfait épanouit sa figure ; mais il faut que l'ingratitude le blesse profondément, il se plaint peu ; mais quand il laisse échapper ces paroles : « On m'a fait de la peine, on a été ingrat, » on sent qu'elles sortent d'un cœur meurtri, saignant. Hâtons-nous d'ajouter qu'il est grandement dédommagé, consolé par tant de dévouements, par tant de reconnaissance pour le bien qu'il a fait, par l'affection de cette grande nation française qui l'aimera toujours malgré les efforts que l'on fait pour l'en détacher. Il s'en console aussi et surtout par la religion, comme il le disait encore dans le discours ci-dessus indiqué.

« Notre guide et notre soutien, c'est la foi... la foi religieuse et la foi politique, c'est-à-dire

a confiance en Dieu et la conscience d'une mission à accomplir... »

Car, il faut que vous le sachiez, cher lecteur,
Napoléon III est chrétien, franchement chrétien.
Chef d'une nation catholique, il est sincèrement
catholique, non à la façon de tant d'autres qui
prennent la foi seule et laissent les œuvres; l'Empereur croit et remplit tous les devoirs de la religion, tous, jusqu'à celui que chaque chrétien doit
remplir, au moins à Pâques. Il ne faut pas s'en
étonner : n'y a-t-il pas parenté entre le génie et
l'Évangile? Le génie ne croit pas, il voit et il
adore. Tout homme vraiment grand est religieux,
il laisse les arguties et les banales objections aux
esprits étroits qui sont d'avis que Dieu n'a droit
d'exister en France, qu'après qu'ils auront sou-
mis, à leur contrôle, ses divines pensées; c'est
trop peu de chose pour l'arrêter. Du reste, l'Empereur a si souvent rencontré la Providence sur
son chemin, dans sa vie, qu'il ne lui a pas été
possible de la méconnaître. A mesure qu'un
homme s'élève, il se rapproche de Dieu. Quand
on se voit chargé du terrible fardeau du gouvernement d'un grand peuple, le premier cri de
l'âme, si l'on comprend sa mission, est celui-ci :
O Dieu! venez à mon aide !

Napoléon III tient sa foi de Dieu et de son
auguste mère, dont le cœur, nous l'avons vu,

était rempli de foi et de charité. Aussi porte-t-il encore aujourd'hui de religieux souvenirs qui lui ont été laissés par cette mère vénérée; il ne les a jamais quittés, ni dans la bonne ni dans la mauvaise fortune; au contraire, ils faisaient sa force et sa consolation. Dans la prison de Ham, comme aux Tuileries, il remplissait les devoirs de la religion, et, quoique peu riche alors, il trouvait encore les moyens d'aider à orner les pauvres églises du voisinage.

Depuis, dans les grands événements politiques qui se sont accomplis, il n'a jamais manqué d'invoquer le secours de Dieu.

Chaque dimanche il assiste à la messe avec une religieuse fidélité; tantôt il suit attentivement, dans son livre, les prières de l'Église; tantôt il reste à genoux, comme absorbé dans une profonde méditation, en présence de la grande majesté du ciel; autour de lui, c'est un calme, un silence, un recueillement édifiants; on voit par là ce qu'est le maître. C'est au point que souvent des catholiques et même des protestants s'en sont retournés touchés de cette foi pieuse de l'Empereur et de l'Impératrice, et se seraient volontiers écriés, comme ces femmes de la cathédrale d'Amiens : « Oh! voyez donc! que c'est beau! l'Impératrice qui dit son chapelet *comme une femme!* »

Dans toutes les circonstances importantes, dans les grands anniversaires de sa famille, dans les jours spécialement consacrés par l'Église, l'Empereur se fait un devoir d'assister à la messe. Par exemple, chaque mercredi des Cendres, il vient recevoir humblement, à genoux, sur son front impérial, cette cendre qui rappelle à tous qu'ils sont poussière et retourneront en poussière.

Mais c'est surtout la semaine sainte qui est vraiment édifiante aux Tuileries !

Toute la cour suit religieusement les offices. Surtout rien n'est saisissant comme le Vendredi saint dans la chapelle impériale. L'autel est couvert de draperies funèbres. Toutes les dames sont en noir ; beaucoup n'ont qu'un simple voile sur la tête. Plus d'uniforme pour personne, si haut placé que l'on soit ; pour tous c'est l'habit simple qui les confond tous dans l'égalité évangélique. On dirait un grand deuil national, toutes les broderies, toutes les décorations disparaissent, toutes les croix s'effacent devant la croix du charpentier juif. On se sent comme environné d'une atmosphère de divinité. En présence de toutes ces dignités et de toutes ces grandeurs qui s'abaissent, le cœur ne peut retenir ce cri : Ici il y a plus qu'un homme, il y a un Dieu...

L'Empereur est là, debout ou à genoux, suivant le cérémonial, mêlant sa voix et sa prière aux prières de l'Église. Mais il faut le voir accomplir le devoir pascal, alors il y a en lui un mélange indicible d'humilité et de dignité, on voit à la fois le chrétien et l'Empereur, et à ce spectacle on serait presque tenté de trouver Dieu plus grand.

Napoléon III remplit ses devoirs religieux avec la simplicité, la rondeur qu'il met à remplir ses autres devoirs. Seul dans sa chapelle, en présence de Dieu, il est absolument le même qu'en présence de la foule. On a dit que sa religion consistait à avoir foi dans son étoile : oui, cela peut être vrai, pourvu que cette étoile ce soit la Providence ; c'est elle qu'il invoque sans cesse, c'est en elle qu'il espère, c'est auprès d'elle que lui, Empereur, cherche des protecteurs parmi ses sujets. Il ne craint nullement de se recommander aux prières des gens religieux ; en présence de n'importe qui, rien n'empêche sa pensée religieuse de se manifester. Sur le point de partir pour la guerre d'Italie, il disait à ses aumôniers, dans les salons des Tuileries.

« Priez pour moi, j'ai une belle et brave armée, mais je compte encore plus sur le secours de Dieu et de vos prières... »

On voit si bien que cette foi du Souverain est

spontanée, vient du cœur, que de temps en temps, sans aucune espèce de préparation, elle se révèle en traits édifiants. Il y en aurait beaucoup à citer, cela se fera un jour, mais qu'il nous soit permis d'en rapporter un aujourd'hui.

C'était en l'année 1857, le cardinal Morlot venait d'être nommé archevêque de Paris. Il prêtait serment à l'Empereur.

Cette cérémonie de la prestation du serment des évêques est très-imposante. Elle se fait dans la chapelle des Tuileries à la messe, après l'Évangile. L'évêque est à genoux, la main droite placée sur le livre des Évangiles; l'Empereur est debout. Après la lecture de la formule du serment faite par l'évêque-aumônier, il prononce ces paroles : «*Je le jure à Dieu et je le promets à l'Empereur!* » en présentant la main gauche à l'Empereur, qui la serre, on peut le dire, avec cordialité et respect, et lui répond par ces paroles du cérémonial : « *Dieu vous en fasse la grâce.* »

Ici, d'ordinaire, finit la cérémonie, le prélat salue et retourne à sa place...

Les choses s'étaient passées ainsi lors de la prestation du serment du cardinal Morlot. Il s'était relevé, il allait reprendre son siége, quand l'Empereur, qui était placé au milieu du chœur, entouré des grands dignitaires de sa cour, lui

adresse ces paroles, de sa voix ferme et accen-
tuée : « Maintenant, Monseigneur, c'est à mon
tour de me mettre à genoux et de vous demander votre bénédiction, comme à mon premier pas-
teur. » Et en disant ces mots, il tombe à genoux
sur le tapis, aux pieds du cardinal, la tête incli-
née comme un petit enfant qui vient demander la bénédiction de son père. A ce spectacle,
tout le monde tombe à genoux comme par un
jet électrique. Les femmes pleuraient ; plus d'un
homme sentait des larmes rouler autour de ses
yeux. Le prélat, seul debout, profondément ému,
prononça les paroles de la bénédiction, du fond
du cœur, sur cette tête si nécessaire à la paix
du monde ; et qui sait si ce n'est pas cette bénédiction qui l'a préservé des coups d'impies et
misérables assassins !

Inutile d'ajouter que Napoléon III est rempli
de bienveillance pour les personnes et les œuvres
religieuses. Dans ses voyages, lorsqu'il voit un
groupe de prêtres ou même un seul prêtre, il
l'aborde souvent en compagnie de l'Impératrice,
et lui adresse quelques paroles de bonté.

On se sent à l'aise avec lui, et c'est vraiment
plaisir de voir avec quelle filiale confiance lui
écrivent les prêtres, les religieux, les religieuses.
Aussi le vénérable supérieur de l'une des plus
magnifiques institutions religieuses de France

disait dernièrement : « Depuis longtemps nul souverain n'a fait autant pour la religion que Napoléon III. »

En effet, l'Empereur a fait pour la religion ce que personne n'eût même osé demander il y a vingt ans. Le Panthéon a été rendu au culte, la liberté d'enseignement accordée, le Saint-Père ramené, gardé, défendu, protégé à Rome par la France seule. Les religieux ont vécu tranquilles dans leurs couvents, nos vieilles églises ont été restaurées, ornées; de nouvelles basiliques s'élèvent. La charité de l'Empereur et de l'Impératrice va trouver jusqu'aux plus humbles églises de village.

D'un autre côté, Napoléon III, reprenant une grande pensée de saint Bernard et de saint Louis, a envoyé une expédition protéger les Lieux saints et la terre qui fut le berceau et le tombeau du Christ. Il était encore seul à ce poste de la religion et de l'humanité. N'est-ce pas lui qui naguère faisait replacer la croix au milieu de la Chine, stipulait avant tout la liberté des missionnaires catholiques et leur rendait le patrimoine religieux dont ils avaient été dépouillés depuis plus d'un siècle? N'est-ce pas la même cause de la religion et de l'humanité qu'il défend aujourd'hui au Mexique, dans cette expédition qui va se terminer si glorieusement pour la France? Partout où il y a des faibles, des opprimés, il arrive pour les protéger. Cette conduite n'est-elle pas évangélique?

Ici je ne puis résister au plaisir de consigner un fait récent qui est à la fois une preuve de la protection bien connue que l'Empereur accorde à la religion et de la haute influence qu'il exerce dans l'univers.

« L'année dernière, douze abbés quittaient le grand séminaire de Lyon pour suivre un évêque au Texas. L'un d'eux, prêtre depuis, vit les fédéraux envahir sa paroisse, piller son église, sa demeure, et se préparer à le tuer. On le couchait en joue, quand, détournant les fusils, il s'écria :

« — Je suis Français! comme prêtre, égorgez-moi, mais, comme Français, vous rendrez compte de mon sang à mon Empereur, à ma nation!

« Les fusils s'abaissent; profitant de la position, il demande leur chef, et exige, sous peine d'en référer à l'Empereur, qu'on lui rende ses vases sacrés et qu'on lui paye les dégâts.

« On s'exécuta; mais, voyant un désir de vengeance chez ses adversaires, il se place en face d'eux, leur répète d'une voix ferme sa première interpellation, puis, découvrant sa poitrine :

« — Tirez, leur dit-il, si vous l'osez!

« Ils furent domptés, se retirèrent avec ordre, et le chef mit des factionnaires pour veiller à la sûreté et à la tranquillité du prêtre ; en même temps tous les soldats, en passant devant lui, lui rendirent les honneurs militaires.

« Ce prêtre a vingt-quatre ans. »

Voilà un petit trait qui, j'en suis sûr, aura, à l'égal d'un succès, réjoui le cœur de l'Empereur.

Sans doute, Napoléon III n'a pas fait tout le bien qu'on voudrait, qu'il voudrait lui-même ! Hélas, qui peut en ce monde tout ce qu'il veut ! Si souvent les événements débordent la puissance et les prévisions des plus grands monarques !

Chose étrange, nous avons une tendance incessante à poser des limites à la puissance de nos souverains, et la même tendance à leur reprocher de n'être pas tout-puissants ; au lieu de les accuser, il faudrait les plaindre et les seconder.

Ce n'est que quand un souverain sent derrière lui, le souffle unanime d'une grande nation, qu'il peut oser tout le bien qu'il a dans son cœur... C'est donc un devoir pour tout homme de bien, ami de la France, à quelque opinion qu'il appartienne, de se serrer autour de lui pour l'aider, l'encourager, l'éclairer même. Quand la Providence nous a mis une telle force sous la main, c'est un impardonnable tort de la repousser.

Quoi qu'il en soit, Napoléon III a un droit incontestable à jouir du bénéfice de cette parole sacrée : « *Paix aux hommes de bonne volonté.* » Pour qui a un peu l'expérience de la vie, pour qui sait combien il est difficile de faire même un peu de bien, il y aura une chose étonnante, c'est que l'Empereur en ait déjà tant fait !

Je finis par une parole qui résume ce chapitre et qui explique tout le but de cet ouvrage, écrit dans un sincère esprit de conciliation ; elle est de la plus haute autorité en cette matière, d'une autorité souveraine.

On sait que le vénérable cardinal Morlot, mort l'année dernière en si grande odeur de charité et dont la sage conduite a été hautement louée à Rome, était à la fois grand aumônier et membre du conseil privé. Il connaissait à fond l'Empereur Napoléon III. Si souvent il s'était entretenu avec lui, il avait lu dans son cœur. Eh bien, voici ce qu'il en disait, et c'est un témoignage plus fort que n'importe quel témoignage. Il avait vu, il avait jugé par lui-même, il connaissait parfaitement l'état des choses. On sait aussi avec quelle maturité réfléchie, froide même, il appréciait les faits, avec quelle réserve il parlait des hommes. Voici donc les paroles que ses amis ont souvent entendues sortir de sa bouche : « N'est-ce pas que l'Empereur est bon... L'Empereur est bien meilleur et plus chrétien que beaucoup ne le pensent. J'espère qu'on le reconnaîtra un jour, et ce sera pour le bien de la religion et de la France. »

FIN

# TABLE


Introduction.................................... 1

Premières années de Napoléon III.............. 13

L'exil......................................... 22

Strasbourg. Première captivité. Bannissement en
    Amérique.................................. 28

Seconde captivité. Boulogne. Ham............. 38

La République et la Présidence................. 73

Le coup d'État................................ 91

Seconde Présidence........................... 101

L'Empire..................................... 126

Mariage. L'Impératrice Eugénie. Le Prince Impérial. 135

Portrait de l'Impératrice des Français........... 145

Commencement de l'Empire. Œuvres populaires.
    La guerre d'Orient........................ 154

Emprunts populaires. Exposition universelle. Créa-
    tions utiles............................... 163

La cherté. Les inondations.................... 171

Naissance du Prince Impérial. Cérémonies du
    baptême. L'Œuvre du Prince Impérial........ 178

Portrait de S. A. le Prince Impérial............. 185

Sociétés de secours mutuels. Caisse des retraites.
Attentat du 14 janvier 1858. Asiles de Vincennes
et du Vésinet........................... 187

Portrait de l'Empereur. Sa journée......... 203

L'Empereur et le peuple................. 219

Charité de l'Empereur................. 243


Paris.— Typ. de Cosson et Comp., rue du Four-Saint-Germain, 43.

---

# LES GRANDS MODÈLES DE CHARITÉ

ILLUSTRÉS

## PAR MM. MULLOIS ET DE BRANDEIS

Un magnifique volume grand in-8°, de 416 pages, sur papier de luxe, orné de gravures exécutées par les meilleurs artistes, propre à être donné comme prix ou en cadeau. Ce volume nous a souvent été demandé pour être donné en prix dans les grandes circonstances.

Magnifique édition. Prix *franco*.............. 9 »

Edition ordinaire. — *franco* ............. 6 »

Reliure chagrin uni, couleurs variées, tranche dorée. Belle édition, *franco*.............. 14 »

Reliure chagrin, couleurs variées, avec plaque or, doré sur tranche, *franco*............... 16 »

Édition ordinaire. Reliure chagrin uni, couleurs variées, doré sur tranche, *franco*..... 11 »

---

On a souvent demandé un livre illustré que l'on puisse donner avec confiance, en prix ou dans les grandes circonstances de la vie, à un enfant, à une jeune personne, à un jeune homme, placer sur une table de salon, etc.

Il y a déjà, il est vrai, un certain nombre d'ouvrages ce ce genre, mais les uns sont trop sérieux, peut-être trop pieux, les autres ne le sont pas assez.

En publiant ce volume, nous avons eu l'intention de répondre à ce besoin.

Nous avons voulu donner un ouvrage capable d'intéresser à la fois et d'instruire dans une science si française et si chrétienne, la bonne science de la charité, surtout de la faire aimer !

Il nous a semblé que le meilleur moyen de la rendre aimable aux jeunes cœurs, en particulier, c'était de la montrer à l'œuvre, de la faire voir aux prises avec la misère, et cela dans toutes les classes et dans tous les âges : Elle est là, on la voit, elle va, elle vient, elle parle, elle console, elle soulage, elle aime et elle est aimée; à sa vue chacun se dit : « Oh ! c'est bien ! Oh ! c'est beau ! Si je pouvais donc en faire autant ! » Eh ! pourquoi pas ?

Bien souvent aussi on s'est écrié : « Oh ! que c'est difficile de conserver longtemps la pureté du jeune âge ! Que faire ? Quel moyen prendre ? »

Mon Dieu ! faites que ces jeunes cœurs aiment beaucoup les pauvres, aiment beaucoup la charité, et le reste viendra ou plutôt l'innocence, la limpidité de cœur des premières années restera, et elle sera encore embellie par les triomphes du sacrifice ! On aimera tout ce qui est vraiment aimable : Dieu, sa famille, ses amis, la vérité et la vertu.          (*Préface* de M. Mullois.)

# ENCYCLOPÉDIE POPULAIRE

PUBLIÉE SOUS LA DIRECTION DE

## MM. MULLOIS ET HERVÉ

Nouvelle édition revue et complétée

2 beaux volumes grand in-8° sur deux colonnes. Prix
des 2 volumes brochés...................... 10 »
Reliés demi-toile............................. 12 »

L'Encyclopédie forme deux beaux volumes de plus de
1 200 pages ; elle sera utile surtout aux prêtres. Il est
bon qu'ils aient une notion exacte de chaque chose. Aujourd'hui, qui ne parle plus ou moins sciences, agriculture, économie sociale, drainage, engrais, vapeur, amélioration et même philosophie? Avec l'Encyclopédie, il
est bientôt au courant et il peut par là élever les âmes
des choses de la terre aux choses de l'éternité.

Les Encyclopédies sont à l'ordre du jour ; les librairies
en sont pleines : mais les unes sont trop volumineuses
et trop chères ; les autres sont écrites dans un assez
mauvais esprit. L'*Encyclopédie populaire* a été revue, cor-
rigée et faite d'après le progrès de la science moderne.
Elle pourra être placée dans les plus modestes bibliothèques ou même dans les bibliothèques paroissiales, où
chacun pourra venir la consulter. On veut étudier une
question, entreprendre une amélioration, traiter un sujet :
l'Encyclopédie vous renseigne en quelques minutes ; elle
donnera de la science aux ignorants, et sera peut-être
même une bonne fortune pour la paroisse.

**Charité et Misère à Paris**, par M. Mullois. 3 vol. in-12. Prix........................................ 3 fr.

**La Charité aux enfants**, par le Même. 1 volume in-12. Prix .............................. 50 c.

**Le Dimanche aux classes élevées de la Société**, par le Même. 1 vol. in-18. Prix..... 75 c.

**Dictionnaire des plantes médicinales indigènes**, par le docteur Thierry de Maugras, chirurgien-major au 11ᵉ bataillon de chasseurs à pied. 1 joli volume in-32. Prix...................... 50 c.

**Histoire de l'Église**, continuée jusqu'à nos jours par M. l'abbé J.-A. Boullan. 1 beau volume in-12, compacte. Prix........................... 2 fr.

**Le Génie du Christianisme**, par Chateaubriand. un beau volume in-12. Prix............. 1 fr. 50 c.

**Itinéraire de Paris à Jérusalem**, par le Même. 1 beau volume in-12. Prix............. 1 fr. 50 c.

**Lectures et Prières à l'usage des gens du monde**. 1 beau volume in-12. Prix.... 1 fr. 75 c.

**Manuel de charité**, par M. l'abbé Mullois... 1 fr.

**Histoire de Napoléon Iᵉʳ**. 1 joli volume in-12 avec un portrait de l'Empereur. Prix.............. 1 fr.

**Histoire de la guerre d'Orient**, par M. Mullois. 1 fort volume in-12. Prix...................... 1 fr.

**Histoire de la guerre d'Orient des enfants**, par le Même. 1 joli volume in-8º enrichi de 50 gravures,

représentant les scènes les plus importantes de la
guerre d'Orient. Prix....................... 1 fr.

**Histoire de la Révolution française.** 1 vol.
in-12. Prix............................. 75 c.

**Vie de saint Vincent de Paul.** 1 joli volume
in-12. Prix............................ 1 fr.

**Ce que c'est que la Messe,** aux points de vue de
la philosophie, de la morale, de l'histoire, de la poésie
et de l'art, par M. Louis Ttemblay, auteur de l'*Esope
chrétien*.

Ouvrage approuvé par NN. SS. les cardinaux-arche-
vêques de Paris et de Bordeaux.

1 beau volume in-12 sur papier glacé. Prix.... 2 fr.

Paris. — Typ. Cosson et Comp., rue du Four-St-Germain, 43.